成功者が実践する投資法

WINNER'S METHOD SERIES

FX最強のテクニカル
しろふくろうのPIVOTトレード術

しろふくろう・著

日本実業出版社

●まえがき

こんにちは　しろふくろうです！

この本を執筆していた2010年8月1日、FXに関する「レバレッジ規制」が施行されました。ご存知のように、これまで無制限だったFXのレバレッジが2010年8月に50倍、2011年8月には25倍まで引き下げられるというものです。

しろふくろうがFXを始めたのは2003年で、それから7年ほどのあいだにわれわれ個人投資家をとりまく環境はめまぐるしく変化してきました。

思い返してみると、2003年にFXを始めたころはドル円のスプレッドが5銭ほどで、取引手数料も1万通貨あたり片道500円ほどかかっていました。その後、手数料の無料化、スプレッドの縮小が進み、取引条件は格段に改善してきました。

そうした市場環境の変化は、個人投資家の取引スタイルに大きな影響を及ぼしてきました。

2007年までは、「金利差」と「円安の一方的な進行」というなかで、ただ円を売ってさえいれば金利と為替差益の両方を受けとれるという「打ち出の小槌」のような状況で、「円キャリートレード」が取引スタイルの主流でした。海外でも「ミセスワタナベ」として話題になった、日本の個人投資家による円売り外貨買い一辺倒のトレードスタイルです。しかしながら、2007年のドル円124円をピークに相場が反転し、翌年3月には100円割れとなるような状況のなか、円キャリートレードは終焉を迎えました。

その後、FX会社の新たな顧客獲得競争の結果、「取引手数料の無料化」、極端なまでの「スプレッドの縮小」という取引環境がもたらされました。さらに、必要証拠金額を少なくして、200倍を超えるような「高いレバレッジ」を可能とするFX会社も現れました。
　そして、「手数料無料」「狭いスプレッド」「高いレバレッジ」を最大限に活用し、数秒で数pipsを抜いて儲ける「スキャルピング」という超短期取引がFXの主流となったのです。
　しかし、今回のレバレッジ規制によって取引ロットの減少を余儀なくされたため、そうしたスキャルピングトレードは行ないにくくなりました。実際にFX会社の取引量も激減したといわれています。
　レバレッジ規制は日本のFXの短い歴史のなかでも、最もインパクトのある出来事であることは間違いないでしょう。
　FXは通貨という普遍的で高い流動性をもつ商品を「売る」か「買う」かという取引であり、そのシンプルさや公平さ、コストの低さという面で、非常に優れた投資商品です。
　FXが非常に優れた投資商品だからこそ、あっという間に幅広い個人投資家に受け入れられ、FXブームが起こりました。無茶なレバレッジに対する規制は導入されましたが、本質的にみてFXが非常に優れた投資商品であることは間違いありませんから、これからもさらに広がりをみせていくと思います。

　少し前置きが長くなりましたが、しろふくろうもこの間、いろいろとトレードスタイルを模索してきました。
　前著『FXメタトレーダーで儲けるしろふくろうのスーパー投資術』で紹介した「メタトレーダー」をきっかけに、いろいろと米国のサイトを見るようになり、トレードスタイルを研究してきました。
　そうしたなかで、「PIVOT（ピボット）」というテクニカル指標に興味をもつようになり、PIVOTを活用したデイトレード、スイングトレードの手法を研究するようになりました。

しかし、単純にPIVOTをセオリーどおりに使っても、思うような収益を得ることはできませんでした。

そこで、「PIVOTトレードでの勝率をいかに高くするか」ということをテーマに試行錯誤した結果、「PIVOTポイント」と「確率」を組み合わせてトレードを行なう手法を独自に構築したのです。

PIVOTポイントというのは、前日あるいは前週の高値、安値、終値が確定した時点で簡単な計算によって導かれます。たとえば図1のチャートのような形です。

●図1／ユーロドル（1時間足）と週足フィボナッチPIVOTゾーン

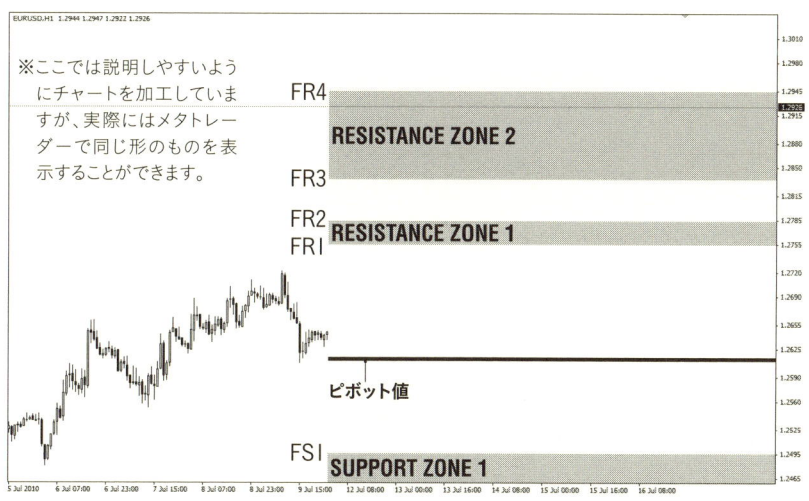

ここで、これからどういうトレードをするかを考えるにあたって、過去のデータからしろふくろうが抽出した「各PIVOTポイントに到達する確率」（次ページの図2）を組み合わせて、トレードのシナリオをつくるのです。

実際、その後の値動きは次ページの図3のようになりました。これをみるとわかるように、不思議なことではありますが、PIVOTポイントというのは相場の値動きにおいてサポートやレジスタンスとなる

●図2／この場合のピボットポイントへの到達確率

ユーロドル／weekly			
total	153	%	
FR4 (1.382)	20	13.1	
FR3 (1.000)	47	30.7	
FR2 (0.618)	88	57.5	
FR1 (0.5)	102	66.7	
PIVOT	112	73.2	
FS1 (0.5)	41	26.8	
FS2 (0.618)	35	22.9	
FS3 (1.000)	17	11.1	
FS4 (1.382)	8	5.2	

●図3／その後の実際の相場の動き

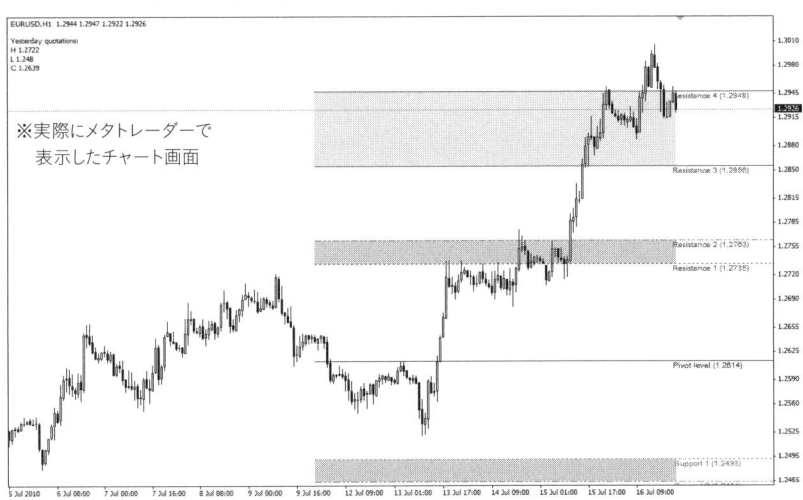

※実際にメタトレーダーで表示したチャート画面

など、"非常に意味のあるポイント"となっています。そして、そのポイントに相場が到達する確率が事前にわかっていれば、最適なエントリーとエグジットを行なうことができ、「勝率を高めつつ、損小利大を実現する」効率的なトレードが可能になるというわけです。

本書の前半では、PIVOTに「確率的アプローチ」を取り入れるた

めの基本をまとめてみました。PIVOTの計算方法や値動きの確率に関する検証データなど、少し数字が多くて面倒そうな感じに見えますが、順を追って読み進めていただければ、サクサク頭に入ってくると思います。

そして中盤では、その確率的アプローチに基づいて優位性（エッジ）のあるトレードを行なう方法について、指値を置く基本形、ゾーンを使ったやり方、秘伝のテクニカル「トレンドステップ」を使ったやり方などに分けて、具体的に解説しました。トレードの時間軸については、デイトレードでもスイングトレードでも活用できるようになっています。

そして最後は、「PIVOTと確率的アプローチを使うと、損小利大を実現しつつ、勝率も上げることができる」ということについて、「真のリスク・リターン」という視点から解き明かすとともに、「メタトレーダー」を使って簡単にPIVOTトレードを行なうための設定法について解説しました。

FXで短期的にたまたま勝つことは可能だと思います。しかし、きっちりと収益を残し、長く相場で生き残るためには自分の勝ちパターン＝トレードスタイルを身に着けていくことが不可欠です。

本書の内容を大いに役立て、みなさんがそれぞれの「勝ちパターン」を身に着けることができたならば、これに勝る喜びはありません。

No FX, No LIFE！
FXをもっと楽しみましょう！

2010年10月

しろふくろう

まえがき

INTRODUCTION トレードは「大数の法則」で勝てる

Lesson 1 マカオのカジノでギャンブルの本質を考えてみた ………… 12
「大小」(タイスウ)のしくみ
ギャンブルは「確率」が支配するゲーム
カジノはなぜ儲かるのか？
「予測」することは無意味

Lesson 2 FXにおいても「予測」ではなく「確率」が大切だ ……………… 21
為替相場はコイントスのようなもの
トータルでは半々だが…
確率をトレードに取り入れてみよう

PART 1 ピボット・ポイントとは何か？
──PIVOTトレードの準備

Lesson 1 PIVOTは"潜在的なテクニカルポイント"を割り出す ……… 34
PIVOTはむずかしくない
基本は「逆張り」に用いる
PIVOTのしくみと算出法
実際の相場で算出してみると…

Lesson 2 フィボナッチを使ったピボット・ポイントとは何か？ ………… 46
不思議と相場にあてはまる「フィボナッチ比率」
フィボナッチPIVOTのしくみと算出法
実際の相場で算出してみると…

PART 2　PIVOTトレードは確率的に有利
──値動きの全確率データ公開

Lesson 1 ピボット値は非常に意味のある数字だった！ ･･････････ 58
　　　　　4年分のデータを元に「今日の値動き」を検証

Lesson 2 日足ピボット・ポイントへの到達率の全データ ･･･････ 62
　　　　　前提条件なしの場合
　　　　　前提条件＝「前日の陰陽」が重要
　　　　　「前日が陽線」の場合
　　　　　「前日陽線＋前々日陽線」の場合
　　　　　「前日陽線＋前々日陰線」の場合
　　　　　「前日が陰線」の場合
　　　　　「前日陰線＋前々日陰線」の場合
　　　　　「前日陰線＋前々日陽線」の場合

Lesson 3 週足ピボット・ポイントへの到達率の全データ ･･･････ 78
　　　　　トレンド判断に使える週足データ
　　　　　前提条件なしの場合
　　　　　「前週が陽線」の場合
　　　　　「前週陽線＋前々週陽線」の場合
　　　　　「前週陽線＋前々週陰線」の場合
　　　　　「前週が陰線」の場合
　　　　　「前週陰線＋前々週陰線」の場合
　　　　　「前週陰線＋前々週陽線」の場合
　　　　　通貨別にみた週足ピボット・ポイントへの到達率

PART 3　PIVOTトレードの基本
──指値（IFDOCO）の方法

Lesson 1 PIVOTトレードの基本形は指値の押し目買い・戻り売り ･････ 94
　　　　　ピボット・ポイントへの到達率が重要
　　　　　「無理なエントリー」はしない

利食いポイントの考え方
損切りポイントの考え方
エントリーとエグジット（利食い、損切り）のまとめ
買いエントリーの実際の例
売りエントリーの実際の例

Lesson 2　エントリー法の例外（ピボット値とマルチロット） ………… 108
相場の勢いが強いときは「ピボット値」を使う
マルチロットの場合はエグジットを分散

PART 4　PIVOTトレードの応用
──「ゾーン」を活用したエントリーとエグジット

Lesson 1　「フィボナッチPIVOTゾーン」とは何か？ ………… 116
強い抵抗帯と強い支持帯
ゾーンの強さは「確率分布」が決める

Lesson 2　「ゾーン」を活用したトレードの具体的なエントリーの実例 … 121
逆張りエントリー ── 抵抗帯としての活用法
順張りエントリー ── ブレイクポイントとしての活用法
順張りエントリー ── デイトレードの例
フィボナッチリトレイスメントとゾーンの併用

PART 5　PIVOTを用いた秘伝のテクニカル「トレンドステップ」の活用法

Lesson 1　ピボット値はブル・ベアの分水嶺となっている ………… 134
ピボット値は重要な意味をもっている
ピボット値の移動平均をつくってみる
ピボット値を使ってトレンドを判断できる

Lesson 2　ピボット値を活かしたテクニカル指標「トレンドステップ」 … 140
ロバート・クラウスの手法がベース

トレンドステップは3本のラインの組み合わせ
トレンドステップチャートシステムの運用法

Lesson 3　トレンドステップでのトレンド判断とトレードの実例 150
トレンド継続のパターン
トレンドの転換のパターン
実例①──ウイークリートレンドステップ
実例②──デイリートレンドステップ
実例③──4Hトレンドステップ

PART 6　しろふくろう流 PIVOTトレードの総合戦術

Lesson 1　トレンドステップ＋フィボナッチPIVOTゾーンを活用 160
チャートはこう設定する
スイングトレードの例
デイトレードの例

PART 7　PIVOTトレードにおける最適リターン・リスク

Lesson 1　相場で生き残るために「リスクマネージメント」は不可欠 ... 170
確率的アプローチでリスクを管理する
無意識でいれば人は損をする
「損小利大」と「勝率」は相反する
そもそもリスクとは何か？

Lesson 2　確率的アプローチでリスクを予測する 177
「真のリスク」を計る公式
リスクの予測──ドル円全体の場合
「前日が陽線」の場合
「前日陽線＋前々日陽線」の場合
「前日陽線＋前々日陰線」の場合

Lesson 3　確率的アプローチでリターンを予測する 186

「真のリターン」を計る公式
リターンの予測──ドル円全体の場合
「前日が陽線」の場合
「前日陽線＋前々日陽線」の場合
「前日陽線＋前々日陰線」の場合

Lesson 4　確率的アプローチでみる真のリスク・リターン比 ……………… **194**
「収益の可能性」を算出する
実際に「約定」するか？
ピボット値でのエントリーの場合
FS2でのエントリーの場合

PART 8　メタトレーダーでPIVOTトレードを実践しよう！

Lesson 1　メタトレーダーは最高のトレードツールだ！ ………………… **204**
高性能チャートソフトを誰でも無料で使える
インストールは簡単

Lesson 2　インディケーターを入れて「最強のテクニカル」を使おう！ … **214**
まずはインディケーターのダウンロードから
手順に沿って確実にインストール
デイリートレンドステップを表示する
2つのトレンドステップを組み合わせたチャート
フィボナッチPIVOTゾーンを表示する
デイトレードモデル
スイングトレードモデル

Lesson 3　メタトレーダー以外で2つのチャートを使う方法 …………… **235**
ひまわり証券の「トレードシグナル」に装備

（巻末データ）通貨別にみた日足ピボットポイントへの到達率

イラストレーション／髙木一夫
装丁・DTP／村上顕一

INTRODUCTION

トレードは「大数の法則」で勝てる

Lesson 1
マカオのカジノで ギャンブルの本質を 考えてみた

✓「大小」(タイスウ)のしくみ

　香港から高速船で約1時間、冷房のききすぎた船から降りると10月だというのにむせ返る暑さでマカオは出迎えてくれた。

　この国の海の玄関口・マカオフェリーターミナルは、15分おきに到着する船から降りる人で、いつ来ても入国待ちの列が切れ目なく続いている。

　マカオは400年以上ものあいだポルトガル領であったことから、香港とは違ったヨーロッパ風の街並みが特徴だ。中心部には30の世界遺産があり、エキゾチックな料理を楽しむことができるため、多くの観光客が訪れる。

　また、マカオは「東洋のラスベガス」ともいわれるようにカジノシティとしても有名だ。とくに、1999年に中国に返還されてからは「チャイナパワー」がさく裂して、いまやラスベガスを超えるカジノのメッカとして中国やアジアの観光客でにぎわっている——。

　沢木耕太郎の『深夜特急』風に書き始めてみましたが、しろふくろうも香港へ旅行に行ったときに、日帰りでマカオの

カジノに何度か行きました。

マカオのカジノは中国人が多いこともあって、ラスベガスの雰囲気とはかなり違います。

そして、バカラやルーレット、スロットマシーンといったスタンダードなゲームのほかにマカオならではのゲームもあります。

なかでも、「大小」（タイスウ）というゲームはマカオで最も人気があるとのことで、しろふくろうもマカオに来たら、ぜひこの「大小」というカジノゲームに挑戦してみたいと思っていました。

「大小」は丁半博打の一種ですが、2つではなく3つのサイコロを用いるのが特徴です。

3つのサイコロは密封された機械の中に入っており、プレイヤーは、ディーラーがシャッフルした後にその出目を予想してテーブル上にチップを置いて賭け、その後、蓋を開いて出目を開示し、勝負が決まるしくみです。

3つのサイコロを使うので、最小の数字は3（1のぞろ目）、最大の数字は18（6のぞろ目）となり、3つのサイコロの目の合計が10以下を「小」といい、11以上を「大」といいます（ただし、いちばん小さい3といちばん大きな18は除きます）。

もっとも簡単な予想は、単純に3つのサイコロの目の合計が「大」か「小」かを当てるというものです。

実際には、3つのサイコロを振って出る目は全部で「216通り」（6×6×6）あり、いろいろな組み合わせで予想をして賭けることができます。

「大小」のテーブルはこんな感じです。

> トレードは「大数の法則」で勝てる
>
> ピボット・ポイントとは何か？
>
> PIVOTトレードは確率的に有利
>
> PIVOTトレードの基本
>
> PIVOTトレードの応用
>
> 「トレンドステップ」の活用法
>
> しろふくろう流PIVOTトレードの総合戦術
>
> PIVOTトレードにおける最適リターン・リスク
>
> メタトレーダーでPIVOTトレードを実践しよう！

✓ギャンブルは「確率」が支配するゲーム

　カジノにかかわらず、ギャンブル（賭け事）は、実は「確率」が支配するゲームです。

　「大小」を例にとると、4〜17（3と18は除く）までの組み合わせで、4〜10の「小」と11〜17の「大」は「7対7」で同数です。つまり「小」の出る確率は「7／14＝1／2」、「大」の出る確率も「7／14＝1／2」でまったく同じです。そして、当たれば賭けたお金が2倍になって戻ってくることになっています（大小いずれかを当てる最もシンプルな賭け方の場合）。

　しろふくろうも、早速5000香港ドル（6万円弱）をチップに換えて「大小」に参戦しました。

　フロアーにいくつかある「大小」のテーブルには閑散とし

ているところもあれば、何重にも人だかりができて非常に活気のあるところもあります。

　最初なので、あまり人の多くないテーブルを選んでゲームを始めました。

　そのテーブルの最小の賭け金は200パタカ（1パタカは1香港ドルと等価）で、まずは「大」に400パタカを賭けました。

　結果は「大」で幸先よく400パタカが800パタカになって戻ってきました。

　次の勝負ももう一度「大」に400パタカを賭け（まったくのカンです！）、今度も「大」で400パタカのプラス！　で連勝でのスタートでした。

　実は「大小」のテーブルには「出目の結果」を表示する電光掲示板があり、ここまでの流れは「大・大・大・小・大・大・大」となっていました。

　そして皆この掲示板の流れを見ながら、次の出目を予想して賭けているようです。

　なんとなくパターンがあるのかなと思い、次は「小」に400パタカを賭けました。

　結果は予想どおり！　の「小」でさらに400パタカがプラスされ、ここまで3連勝で1200パタカのプラスとなりました。

　パターンどおりなら、次の勝負はやはり「大」かなと思い「大」にチップを置いたところ、周りにいたほぼ全員が「大」に賭けていました。

　結果は予想どおりに「大」で、ほとんどのプレイヤーが勝ったため、ディーラーはチップを返すので大忙しです。

　さてここまでパターンどおりに出目が続くと「そろそろパターンが崩れるんじゃないかな？」と思うものです。そこで、ちょっと裏をかいてやろうと（トレードでの逆張りですね）、次は「小」に賭けましたが、しろふくろう以外のほとんどが「大」

に賭けていました。

　結果はパターンどおりに「大」で、テーブル上のしろふくろうの400パタカはディーラーのもとに吸い込まれていきました。

　裏をかかず（逆張りせず）、素直にパターンどおりに賭けていればよかったと少し後悔しました。

　ということで、次は素直にパターンを信じて「大」に賭け、今度は予想どおりに「大」が出たため、さきほどの400パタカが戻ってきて、ここまでの儲けは1600パタカのプラスとなりました。

　ここまでの出目は「大・大・大・小・大・大・大・小・大・大・大」。

　ここは逆張りをせずに場の流れに乗るのがいちばんと思い、素直に次は「小」に1000パタカをかけて勝負に出ました。

　気が付くと、最初人の少なかったテーブルはフロアーで最も加熱していて後ろが見えないほどになっていました。

　結果は「2・2・2」で「小」！

　「やった！」と思ったのもつかの間、「大」はもちろん「小」の掛け金もすべてディーラーが吸い取っていきました。

　「1・1・1」や「6・6・6」が「大」でも「小」でもない組み合わせだということは先に説明しましたが、同様に「2・2・2」や「5・5・5」など「ぞろ目」が出た場合もプレイヤーは全部「負け」になってしまうのです。

✓カジノはなぜ儲かるのか？

　実際に親（ディーラー）の総取りとなってしまうのは「1・1・1」「2・2・2」「3・3・3」「4・4・4」「5・5・5」「6・6・6」の6通りですから、全216通りの組み合わせうち210通りは

プレイヤーの「勝ち」となります。

　つまり「大小」で「大」か「小」に賭けたときは「210÷216×100＝97.22％」で勝てるのです。あれっ、ちょっと待ってください。97.22％の勝率の賭け事であれば、勝負の回数を増やせば必ず勝てそうです。すぐに大金持ちになれるのは間違いありません。

　しかし、そうは問屋が卸しません。

　個々のプレイヤーは「大」「小」どちらかが出れば勝てるわけではなく、いずれかに賭けますので、105÷216×100＝48.61％の勝率になってしまいます。そして、個々のプレイヤーとの相対で考えた場合、カジノ側は（105＋6）÷216×100＝51.39％の勝率となりますから、勝負の回数を増やせば確実にカジノ側がプレイヤーに勝つことができるしくみとなっています。

　この場合、ぞろ目でカジノ側が勝つ分の2.78％（216分の6）を「控除率」といい、「ギャンブルにおいて、ある賭けに対してどれだけの手数料を取られるかを示す割合」のことを指します。俗にいう寺銭です。

　どんなギャンブルでも「控除率」がマイナスになることはありません。

　もしギャンブルで勝とうと思ったら、少しでも期待値を上げるために、まずはできるだけ「控除率」の低いゲームを選ぶというのがポイントとなります。ちなみに、日本を代表する国民的ギャンブル「宝くじ」の控除率はなんと55％です。収益のいくらかは地域への還元がされているようですから、社会奉仕が好きな人にはいいのかもしれませんが、少なくとも儲けたいという人にとってはあまりに不合理なしくみだといえます。タレントさんを使ったゴールデンタイムのTVコマーシャルなどの宣伝も、この「高い控除率」に基づいた潤

沢な資金があるからこそ可能だというわけです。

それを考えると、「大小」の2.78%をはじめ、カジノにあるゲームというのは数あるギャンブルのなかで最も良心的なギャンブルです。それゆえ自然と多くの人がカジノに集まるのでしょうね。

✓「予測」することは無意味

さて、最初にカジノと確率の話になりましたが、こうした確率的な考え方というのは、ギャンブルだけでなくFXのトレードでも非常に有効です。

この本ではFXのトレードで勝つ方法を、「PIVOT」というテクニカル分析手法と「確率的アプローチ」に基づいて組み立てていきたいと思います。

こういうとなんだかむずかしそうに聞こえるかもしれませんが、出てくるのは非常に簡単な「算数」レベルの計算だけですのでご安心ください。

先ほどのカジノのシーンで、しろふくろうは、次の出目が「大」か「小」かについていろいろと思考をめぐらせて賭けました。

「大・大・大・小・大・大・大・小・大・大・大」と続いたあと最後の勝負は「小」を予測しました。

結果は「2・2・2」の「小」で予想は当たりましたが、「ぞろ目」はディーラーの勝ちとなりテーブルの1000パタカは消えてしまいました。

予想で勝って勝負で負けたのです。

少し冷静に考えてみると、「大」と「小」の出る確率は本来「1／2」で、今回の勝負も「1／2」以上の確率には決してなりません。

それまでの勝負の流れで、11回中「大」が9回出ていれば、「9／11」で「大」が出ていることになります。本来の出目の確率は「1／2」ですから、そろそろ「小」が出るのではないかと考えがちです。

　その反面で、たとえば「大」が3回の後に「小」というパターンが正確に続いているような流れを見たら、「大・大・大」の次に「小」が出るような気がするものです。

　しかし、どちらの場合も、次の出目の確率は「大」も「小」も同じ「1／2」でしかありません。サイコロを振ったときの目の出方は、それまでの出目の流れにまったく影響されないからです。

　結論からいうと、しろふくろうが、次に「大」がくると予測したことも、「小」がくると予測したことも、そもそも「大」「小」いずれかが出る確率が常に1／2と変わらない以上、無意味であったといわざるをえません。

　確率的アプローチでは、「正確に予測することは不可能であるだけでなく、正確に予測するという考え方自体避けなければならない」といわれています。

　それでは、どうすればカジノで勝てるのでしょうか。

　実際にパチンコやカジノで大勝する客もいますが、先ほども書いたようにギャンブルでは客側の期待値が100％を超えることはありません。たとえば「大小」でぞろ目の親の総取りがなければ、50％の確率で賭け金が2倍になるのですから、期待値は50％×2＝100％です。しかしぞろ目の親の総取りがある限り、実際の期待値はそれを下回ることになります。

　確率論的には、「回数を重ねていれば客に勝ち目はない」ということです。

　もしギャンブルで勝つとするならば、たまたま勝てたときにそのまま止める「勝ち逃げ」、もしくは最初から「全部の

ゲームに参加しない」ということになります（この場合は勝ちにも負けにもなりません）。

　そうはいっても、さきほどの「大小」の例であれば、期待値は97.22％（105÷216×2倍×100）とそれなりに高いため、おそらくルーレット以上に長く楽しめるでしょう。ということで、楽しむためにやるのであれば十分に合格点だと思います（そもそもギャンブルというのは「客に夢を与えて楽しませる代わりに代金をとる商売」なのです）。

Lesson 2
FXにおいても「予測」ではなく「確率」が大切だ

✓為替相場はコイントスのようなもの

　さてカジノの話はこれぐらいにして、本題のFXの話に入りましょう。

　これまでFXを行なってきたなかで、しろふくろうがもっとも印象に残っている言葉があります。

　「外国為替相場を予想するのはコイントスを予想するようなもの」

というものです。これは世界のマーケットを一言で動かすほどの影響力があったグリーンスパン元FRB議長が為替について揶揄した言葉です。

　「コイントス＝１／２の確率」、つまり「為替を予想することは極めてむずかしい」というだけでなく、確率的な解釈をすれば「正確に予想することは不可能」「予想することは無意味」ということになります。

　ちょっと話が終わってしまうような感じですね。

　しかし、もし「１／２＝50％」よりも高い確率のゲームがあればどうしますか？

　FXに置き換えてみるなら、上がる確率が60％なら上がるほうに資金を賭け（続け）れば勝てるでしょう。

INTRODUCTION

●為替相場で、陽線の日（○）と陰線の日（●）を並べてみると…

仮に上がる確率が100％なら全資金をつぎ込めばよいということになります。

ちなみに、カジノに比べるとFXでは相場を張る枚数を変えたりレバレッジをかけたりできるので、実際の損益はやや複雑になりますが、ここでは話を単純にするため、毎回、上がるか下がるかに等金額を張っていくことを念頭に置いて話を進めていきます。

さて、冒頭のグリーンスパンの言葉を検証すべく、ドル円のデータを1000日分抽出し、上がるか下がるか(陽線か陰線か)について調べてみました(**左表参照**)。

データは2006年7月から2010年5月までの約4年間のドル円の日足をみたものです。

表の見方としては、○が「陽線」(終値が始値より高い)、●が「陰線」(終値が始値より低い)をあらわしています。

結果はというと、

○(陽線)	510回	51%
●(陰線)	490回	49%

となり、1000日をトータルした結果は「51％：49％」でほぼ半々になりました。

どうやら、グリーンスパンのいう「コイントス＝1／2の確率」は正しいといえそうです。

✓トータルでは半々だが…

しかし、ちょっと待ってください。表をよく見てみると○と●は結構「偏って発生」していることがわかります(**次ページ表参照**)。

本来、確率的には○●のいずれも、1／2で発生するはず

●陽線や陰線が連続するケースは結構多い

ですが、6日連続で同じ方向に動くことが1000日のなかで7回、5日連続が12回も発生しており、かなり偏りがあることがわかります。

実際に○●の「偏り」を確認するために、先ほどの1000日分のデータを「10日単位」に分け、陽線、陰線の数を数えてみました。

●10日ずつに区切ってみた陽線と陰線の数

回数	○	●
10	6	4
20	5	5
30	7	3
40	5	5
50	6	4
60	4	6
70	8	2
80	6	4
90	5	5
100	6	4

回数	○	●
210	4	6
220	6	4
230	7	3
240	5	5
250	6	4
260	4	6
270	5	5
280	3	7
290	5	5
300	5	5

回数	○	●
410	6	4
420	7	3
430	3	7
440	3	7
450	7	3
460	6	4
470	6	4
480	4	6
490	6	4
500	7	3

回数	○	●
610	5	5
620	4	6
630	6	4
640	2	8
650	5	5
660	5	5
670	3	7
680	4	6
690	8	2
700	5	5

回数	○	●
810	4	6
820	5	5
830	4	6
840	7	3
850	3	7
860	7	3
870	6	4
880	5	5
890	4	6
900	6	4

回数	○	●
110	3	7
120	7	3
130	7	3
140	7	3
150	4	6
160	6	4
170	5	5
180	4	6
190	6	4
200	5	5

回数	○	●
310	6	4
320	5	5
330	7	3
340	4	6
350	6	4
360	5	5
370	4	6
380	7	3
390	4	6
400	3	7

回数	○	●
510	6	4
520	4	6
530	7	3
540	7	3
550	5	5
560	5	5
570	4	6
580	5	5
590	2	8
600	6	4

回数	○	●
710	7	3
720	5	5
730	2	8
740	5	5
750	2	8
760	8	2
770	4	6
780	5	5
790	5	5
800	5	5

回数	○	●
910	7	3
920	3	7
930	6	4
940	6	4
950	3	7
960	4	6
970	5	5
980	6	4
990	6	4
1000	5	5

トレードは「大数の法則」で勝てる

ピボット・ポイントとは何か？

PIVOTトレードは確率的に有利

PIVOTトレードの基本

PIVOTトレードの応用

「トレンドステップ」の活用法

しろふくろう流PIVOTトレードの総合戦術

PIVOTトレードにおける最適リターン・リスク

メタトレーダーでPIVOTトレードを実践しよう！

10日単位での陽線、陰線の確率を調べてみると、100回中26回（26％）は陽線と陰線が5対5で1／2の確率で発生していました。

　逆の見方をすると、残りの74％はどちらかに偏って発生していたことになります。

　また、その偏りも最大で8：2または2：8と50％からは大きく離れていることが確認できます。

　次にもう少し期間を広げて、100日分ずつに区切ってみると、

●1～100

○ 58
● 42

●101～200

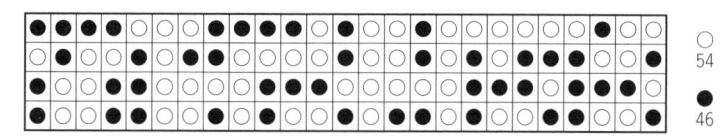

○ 54
● 46

●201～300

○ 50
● 50

●301～400

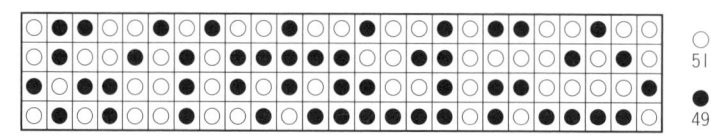

○ 51
● 49

●401～500

○ 49
● 51

●501～600

○ 51
● 49

●601～700

○ 47
● 53

●701～800

○ 48
● 52

●801～900

○ 51
● 49

●901～1000

○ 51
● 49

トレードは
「大数の法則」
で勝てる

ピボット・
ポイントとは
何か？

PIVOT
トレードは
確率的に有利

PIVOT
トレードの
基本

PIVOT
トレードの
応用

「トレンド
ステップ」
の活用法

しろふくろう流
PIVOTトレードの
総合戦術

PIVOTトレードに
おける最適
リターン・リスク

メタトレーダーで
PIVOTトレードを
実践しよう！

27

●100日ずつのまとめ

	○	●
1～100	58	42
101～200	54	46
201～300	50	50
301～400	51	49
401～500	49	51
501～600	51	49
601～700	47	53
701～800	48	52
801～900	51	49
901～1000	51	49

●250日ずつのまとめ

	○	●
1～250	56	44
251～500	49	51
501～750	48	52
751～1000	52	48

●500日ずつのまとめ

	○	●
1～500	52	48
501～1000	50	50

となっています。全体的に相変わらずばらつきはあるものの、最大で「陽線」対「陰線」が「58％：42％」となり、かなりぶれが少なくなっています。

さらに期間を広げて250日間の平均で見てみると、どうでしょうか。

この場合は、最大で「56％：44％」までさらにぶれが少なくなり、「50：50」の割合に一段と近づいてきました。

最後に、500日間の平均を見てみると、左下の表のようになり、ほぼ「50：50」の比率に近づいてきたと判断できます。

理論的には、ドル円で「陽線」と「陰線」の出る確率はほぼ1／2といえ、グリーンスパンの「コイントスを予想するようなもの」という発言は的を射ていたことになりそうです。

しかし、いくら「確率ではこうなっている」といっても、短期的にみると「本来の確率」からかけ離れた結果が出るこ

とがあるわけです。

確率を考えるうえでは、試行の回数を増やしていくにつれて、「本来の確率」（この検証の場合は1／2）に限りなく近づくということが大切です。母数（サンプル数）が大きいほど正確な確率に近づいていくということです。

これを「大数の法則」といい、確率を使ううえで非常に重要な考え方となります。

✓確率をトレードに取り入れてみよう

しろふくろうは前作『FXメタトレーダーで儲けるしろふくろうのスーパー投資術』の冒頭で書いたように「相場の雰囲気に流されて大失敗」を経験しました。

運よく？　大負けからスタートしたことにより、個人投資家が相場の世界で生き残ることのむずかしさを痛感するとともに、いかにして生き残る確率を高めることができるかを考えるきっかけを得ることができました。

テクニカル分析を勉強し、より勝てるチャートシステムを求めて「メタトレーダー」という取引環境に出会えたのも、最初に運だけで簡単に勝てていたならばありえないことだったでしょう。

そしてたどり着いたのが、「勝てる確率が50％以上あって自らに有利な相場を、テクニカル分析を用いて見極め、実際にエントリーする」という勝ちパターンでした。

「為替相場はコイントスのようなもの」とはいっても、実際に相場を毎日見ていると、明らかに「わかりやすい相場展開」＝勝てる確率が50％以上ある場合と「むずかしい相場展開」＝勝てる確率が50％以下の場合があるというのが正直な感覚です。

本書ではその正直な感覚について、PIVOTと確率的アプローチを用いて分析・検証していきます。

そして、確率・統計的な根拠に基づいて、できるだけ自分に有利な相場を見極め、「エントリー」「エグジット（利食いあるいは損切り）」を組み立てていくトレードテクニックをまとめています。

PART 1～3では、FX会社の情報やブログなどでよく見るけれども実際に使い方がわかりづらいPIVOTというテクニカル指標を用い、「確率」の考え方に則って勝率を上げる方法を解説していきます。

続いてPART 4～6では、PIVOTを応用的に使ったしろふくろう流の実戦的なトレードアイデアと、秘伝のチャートシステム「トレンドステップチャートシステム」について解説していきます。

また、PART 7では「エントリー」「エグジット」を決める目安となると同時に、トレードで生き残り、最後に勝つために最も大切なリスクマネージメントについて、「真のリスク」「真のリターン」という考えにもとづいて解説します。

最後に、PART 8では、メタトレーダーを使って「フィボナッチPIVOTポイント（ゾーン）」と秘伝のチャートシステム「トレンドステップチャートシステム」を表示し、誰でも簡単に利用できるように、インディケーターのインストールの仕方や具体的な設定の仕方などについて解説します。前著でも紹介したメタトレーダーは、PIVOTを活用するうえでも非常に有効な武器となってくれることでしょう。

以上のように、この本ではしろふくろうのトレードテクニックについて、わかりやすく、できるだけ具体的に書いています。しかし、最後までお読みいただければ、しろふくろうが伝えたかったのは個々のテクニックそのものではなく、相

場で生き残るうえでの「確率的アプローチ」の大切さなのだということがご理解いただけると思います。

　本書を通じて、確率的アプローチが、みなさんが相場で勝ち、生き残っていくための大切なよりどころとして認識されるようになれば幸いです。

PART 1
ピボット・ポイントとは何か?
──PIVOTトレードの準備

Lesson 1
PIVOTは"潜在的なテクニカルポイント"を割り出す

✓ PIVOTはむずかしくない

　いよいよ、最初の目的であるPIVOTの話に入りたいと思います。

　トレードの世界に入ると、いろいろな「テクニカル指標」にふれることになります。

　日本が発祥のローソク足、一目均衡表などのチャートシステムや、欧米流のRSIやストキャスティクスなどのテクニカル指標について、日々更新されるFX会社のレポートやブログなどさまざまな機会を通じて、個人投資家のみなさんは目にすることでしょう。

　さらに、それぞれのテクニカル指標は「パラメータ」という数値の設定を変えることによって、数字の出方を調節することができます。よく言えば改良ですが、悪く言えばカーブフィッティング（過去の相場に合わせて指標がうまく出るように最適化すること）となってしまいます。

　テクニカル指標の種類自体が多数あることに加えて、それぞれの使いこなし方がさらにあるわけですから、相当な経験を積まないと、自分にとって本当に有効なテクニカル指標を見つけて使いこなすことは容易ではありません。

そうしたあまたあるテクニカル指標のなかでも、PIVOTは移動平均線と並んでトラディショナル（伝統的）なものとなっています。相場の値動きのサポート＆レジスタンスを把握できるものとして世界中で多くの投資家が利用しているテクニカル指標であり、誰が見ても基本的な判断の仕方が同じになる非常にスタンダードな指標です。

　移動平均線が見た目にもストレートにわかるのに対し、PIVOTは"潜在的なテクニカルポイント"を割り出すうえで非常に有効なツールです。

　しろふくろうも、毎日チャートを見ていて「不思議とチャートの動きが止まったり、反転したりする場所」に注目しているうちに、PIVOTという存在を知り、その魅力に取り付かれてしまいました。

　しかし、PIVOTを使った具体的なトレード手法についての情報は非常に少なく、すぐれたテクニカル指標でありながら、残念なことに一般的にはわかりづらく敷居の高いものとなっているようです。

　したがって、しろふくろうも、PIVOTの有効性や活用法について、自らの手で長い時間をかけて検証し、有効なトレードテクニックを確立するに至ったというわけです。

　本書では、そうした自らの研究と実践、試行錯誤を踏まえて、PIVOTの基本、計算方法から、具体的なエントリーとエグジットの方法、すなわちしろふろう流のピボット・ポイントを活用した実際のトレード手法についてできるだけ詳細に、かつわかりやすくまとめてみました。

　まず、このPARTでは、PIVOTの基本から、しろふくろうのトレードの基本ともいえる「フィボナッチPIVOT」の計算方法について解説します。

　すでにPIVOTをご存知の方も、復習の意味も込めて実際

に一度は計算してみることをお勧めいたします。

✓ 基本は「逆張り」に用いる

PIVOTは、米国のJ.W.ワイルダー（誰でも知っているテクニカル指標であるRSIをつくった人です）が開発したテクニカル指標です。

PIVOT（ピボット）とは日本語に訳すと「回転軸」の意で、「日々の市場価格がある一定のポイント（P＝ピボット値）を中心として上下に回転（振幅）することを仮定して、いくつかのサポートやレジスタンスの値（ピボット・ポイント）を決めてトレードを行なうテクニカル分析手法」です。

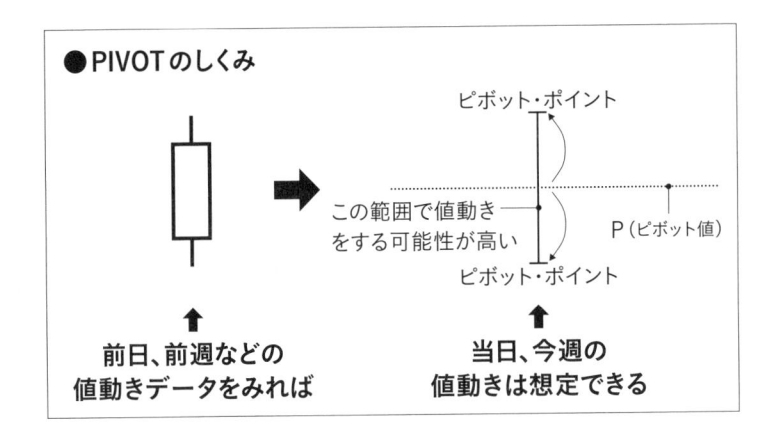

●PIVOTのしくみ

前日、前週などの値動きデータをみれば → 当日、今週の値動きは想定できる

ピボット・ポイント
この範囲で値動きをする可能性が高い
P（ピボット値）
ピボット・ポイント

PIVOTは別名「リアクション・トレンド・システム」ともいい、一般的には逆張りの指標として知られています。

簡単に説明すると、前日の4本値（実際に使うのは高値と安値と終値の3つ）を元に本日の「仮定のレンジ」を計算して、あるポイントまで上がったら売り、下がったら買いという使い方が基本になります。

一方、ある一定のポイント＝「BOP」（ブレイクアウトポイント）をすぎた時点でトレンドが発生したととらえ、それまでの逆張りをやめ、順張りで利を伸ばしていくという使い方もあり、レンジモードからトレンドモードへの転換も示唆してくれます。

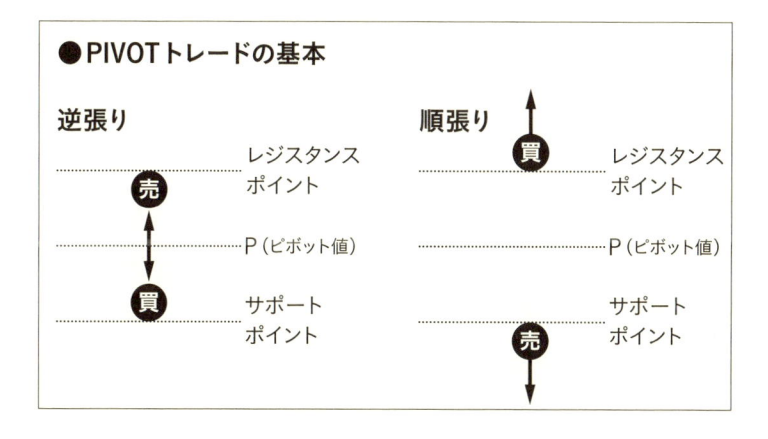

```
●PIVOTトレードの基本

    逆張り                    順張り
                              ↑
                             買
      レジスタンス              レジスタンス
  売   ポイント                 ポイント
    
  ↕   P（ピボット値）           P（ピボット値）
    
  買   サポート                 サポート
      ポイント            売   ポイント
                             ↓
```

　そして、ピボット・ポイントは前日の4本値がわかれば電卓を使って誰でも簡単に計算することができることから、シンプルで非常に使いやすいテクニカル指標として世界中で用いられています。プロの為替トレーダーのなかにも、PIVOTを活用している人が非常に多いといわれます。

　なお、実際にPIVOTを計算する前に、FX会社の提供する4本値の終値についてすこし説明したいと思います。

　日本のFX会社の場合、「日足の終値」はニューヨーククローズである、ニューヨーク時間の夕方5時の終値を基準にすることが多いようですが、海外が拠点のFX会社にはGMT（グリニッジ標準時）を基準とするものもあり、日足の「始値、高値、安値、終値」という「4本値」が異なることがあります。

後で説明するように、PIVOTでは「高値、安値、終値」を使いますが、「終値」の取り方によってピボット・ポイントが異なることがあり注意が必要です。

しろふくろうは、PIVOTの考案者である「ワイルダーの終値の考え方」すなわち「ニューヨーククローズを終値とする」を基準にしてピボット・ポイントを算出しており、この本でも「ニューヨーククローズ＝日足の終値」を基本としていることを、まずはお断りしておきます。

みなさんがお使いのFX会社では日足の終値をどうしているのか、一度確認してみるとよいでしょう。

✓PIVOTのしくみと算出法

さて、一般的にピボット・ポイントと呼ばれているものは「P（ピボット値）」を中心にして、上に3つ、下に3つの合計7つの値で構成されています。

通常、上から順に次のような名前で呼ばれています。

- R3（レジスタンス・スリー）またはHBOP（ハイブレイクアウトポイント）
- R2（レジスタンス・ツー）
- R1（レジスタンス・ワン）
- P（ピボット値）
- S1（サポート・ワン）
- S2（サポート・ツー）
- S3（サポート・スリー）またはLBOP（ローブレイクアウトポイント）

ワイルダーのオリジナルでは、R2をS2（SELL2）、R1をS1（SELL1）、S1をB1（BUY1）、S2をB2（BUY2）と呼びますが、

現在は上記のような呼び方が多くなっているため、本書では上記のように呼称することとします。

チャート上でこれらのピボット・ポイントを表示させると下図のような位置関係になります。

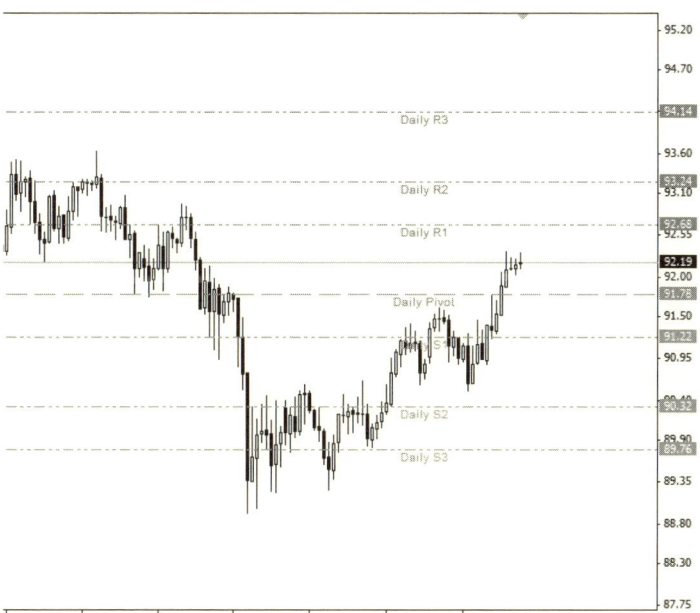

一般的には、チャート上のR1やR2まで上昇したら売りをエントリー、R3まで上昇したら損切り、S1やS2まで下落したら買いをエントリー、S3まで下落したら損切りというのがPIVOTを使った逆張りのトレード手法として解説されています。

しかしながら、セオリーどおりに行なっても、うまく儲けることができないと「PIVOTは使えない」と判断してしまうことがあります。

PIVOTを使ううえで注意することは、計算上の損失（つま

りエントリーポイントからR3やS3までの値幅）が許容値であるかを事前に確認することです。

この「損失＝リスク」についての考え方は別途、PART 7で「マネーマネージメント」として具体的に説明しますが、押さえておきたいのは、ピボット・ポイントは、前日や前週の「4本値」を元に計算していきますので、前日や前週の値幅が大きい場合は各ピボット・ポイント間の値幅が大きく、逆に値幅が小さい場合は小さくなるということです。

ピボット・ポイントは、FX会社からの情報やインターネット上などで簡単に知ることができますが、実際に一度はピボット・ポイントの計算を行なってみると、位置関係やしくみが頭に入りやすいと思います。

それでは一緒にピボット・ポイントがどのように算出されるのかを確認してみましょう

まずは各ピボット・ポイントの計算式を見てみます。

ここでは前日の値動きを元に計算します。計算には、前日の高値＝H、安値＝L、終値＝Cを使います（始値＝Oは使いません）。

売買の基準（回転軸の中心）となるP＝ピボット値は、次の計算式となります。

$$P = (H+L+C) / 3$$

高値、安値だけでなく終値を考慮しているのが特徴です。

さらに、R1、S1、R2、S2、R3、S3の6つのピボット・ポイントを計算してみましょう。

サポート・ワン＝S1は「買いポイント1」でもありますが、ピボット値（P）より「一定額」だけ低くなった値となります。

$$S1 = P - (H-P) = 2P - H$$

一定額というのは「前日高値Hとピボット値の差額」です。

さらに下にはサポート・ツー＝S2＝「買いポイント２」があります。

S2はピボット値（P）より「前日の変動幅（H−L）」だけ、低くなっています。

S2＝P−（H−L）＝P−H+L

今度は上をみていくと、レジスタンス・ワン＝R1は「売りポイント１」でもありますが、ピボット値（P）にピボット値と前日安値Lの差額（P−L）を足したものになります。

R1＝P+（P−L）＝2P−L

レジスタンス・ツー＝R2＝「売りポイント２」はピボット値（P）に前日の変動幅（H−L）を足して、

R2＝P+（H−L）＝P+H−L

となります。

そして、損切りのポイント＝トレンドモードへの転換点は上下に二つあります。下のほうをサポート・スリー（S3）またはLBOP（ローブレイクアウトポイント、上のほうをレジスタンス・スリー（R3）またはHBOP（ハイブレイクアウトポイント）といい、S3はS1、S2を算出するのに使った値幅をピボット値に足し、R3はR1、R2を算出するのに使った値幅をピボット値から引いたものとなります。

R3＝P+（P−L）+（H−L）＝2P−2L+H
S3＝P−（H−P）−（H−L）＝2P−2H+L

ピボット・ポイントの関係を図にまとめてみました。

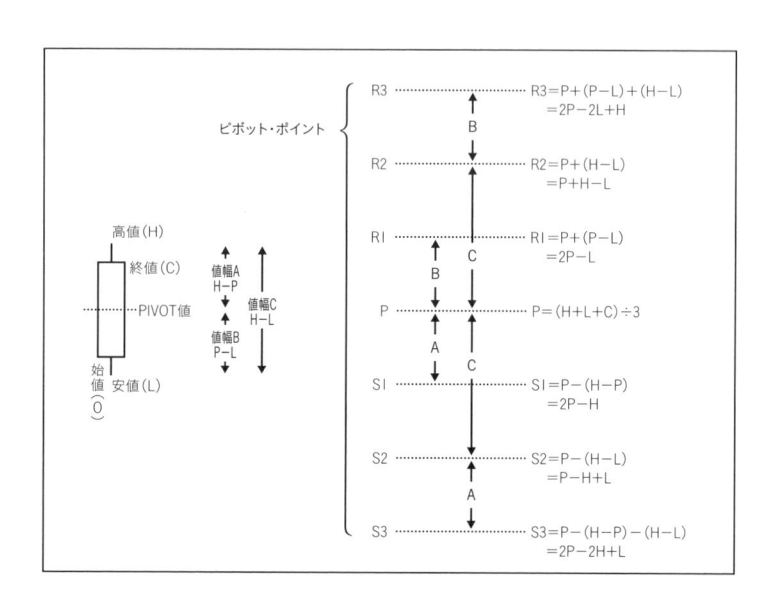

```
                              R3 ·········        R3=P+(P−L)+(H−L)
                                      ↕ B            =2P−2L+H
            ピボット・ポイント
                              R2 ·········        R2=P+(H−L)
                                      ↕               =P+H−L
                                      ↕ C
       高値(H)                 R1 ·········        R1=P+(P−L)
          ┬ ┬                         ↕ B            =2P−L
   終値(C) │ │ 値幅A           P  ·········        P=(H+L+C)÷3
   ─────── │ │ H−P 値幅C              ↕ C
   PIVOT値 │ │     H−L                ↕
          │ │ 値幅B            S1 ·········        S1=P−(H−P)
          │ │ P−L                     ↕               =2P−H
   始 安値(L)                          ↕ C
   値                          S2 ·········        S2=P−(H−L)
   O                                   ↕               =P−H+L
                                       ↕ A
                              S3 ·········        S3=P−(H−P)−(H−L)
                                                     =2P−2H+L
```

以上の計算式を一覧表にまとめると、下記のようになります。

R3	レジスタンス・スリー	P+(P−L)+(H−L)	2P−2L+H
R2	レジスタンス・ツー	P+(H−L)	P+H−L
R1	レジスタンス・ワン	P+(P−L)	2P−L
P	ピボット値	(C+H+L)／3	P
S1	サポート・ワン	P−(H−P)	2P−H
S2	サポート・ツー	P−(H−L)	P−H+L
S3	サポート・スリー	P−(H−P)−(H−L)	2P−2H+L

✓実際の相場で算出してみると…

それでは、この計算式に当てはめて、実際の相場のデータから7つのピボット・ポイントを計算してみましょう。

元となるデータは、2010年6月4日のドル円日足データで、始値（O）92.69、高値（H）92.89、安値（L）91.40、終値（C）91.87です。

まず、すべての計算式に必要となる「ピボット値」を算出します。

P＝（H+L+C）／3

に先ほどの値を当てはめると、

P＝（92.89＋91.40＋91.87）÷3＝92.05

となります。

次に、S1とR1を計算してみましょう。

S1＝P－（H－P）＝2P－H

ですので、

S1＝2×92.05－92.89＝91.21

となります。次は、

R1＝P＋（P－L）＝2P－L

ですので、

R1＝2×92.05－91.40＝92.70

となります。

次は、S2とR2です。

S2＝P－（H－L）＝P－H＋L

ですので、

$S2 = 92.05 - 92.89 + 91.40 = 90.56$

となります。次は、

$R2 = P + (H - L) = P + H - L$

ですので、

$R2 = 92.05 + 92.89 - 91.40 = 93.54$

となります。

最後に、S3とR3です。

$S3 = P - (H - P) - (H - L) = 2P - 2H + L$

ですので、

$S3 = 2 \times 92.05 - 2 \times 92.89 + 91.40 = 89.72$

となり、次は、

$R3 = P + (P - L) + (H - L) = 2P - 2L + H$

ですので、

$R3 = 2 \times 92.05 - 2 \times 91.40 + 92.89 = 94.19$

となります。

上記の計算結果から、6月4日（金）のデータを元に算出した6月7日（月）のピボット・ポイントは、右表のようになります。

計算してみるとよくわかると思いますが、前日の高

R3	94.19
R2	93.54
R1	92.70
P	92.05
S1	91.21
S2	90.56
S3	89.72

値と安値の値幅が大きければ大きいほど各ピボット・ポイントの間隔が広がりますので、実際のエントリーの際には「計算上の期待収益も上がる代わりに損失額も大きくなる」ことになります。当然のことながら、ポジションサイズを調整するなどしてリスク管理を行なうことが大切になります。

Lesson 2
フィボナッチを使ったピボット・ポイントとは何か?

✓ 不思議と相場にあてはまる「フィボナッチ比率」

　ここまで、ワイルダーの開発したスタンダードなPIVOTにおけるピボット・ポイントについて説明してきましたが、本書ではこのスタンダードなPIVOTにおけるピボット・ポイントではなく、「フィボナッチ比率」を使った「フィボナッチPIVOT」におけるピボット・ポイントを使って実践的なトレードテクニックを解説していきます。

　「フィボナッチ」という言葉を初めて聞いた方もいるかもしれませんので、まずはフィボナッチについて少し解説しておきましょう。

　しろふくろうがフィボナッチという言葉と出会ったのは、負け組トレーダーとして悪戦苦闘しているときでした。

　なかなか自分なりの勝ちパターンをつかむことができずに、いろいろなテクニカル分析手法の研究をしていたときに『はじめてのテクニカル分析』(林康史著、日本経済新聞出版社)という本のなかで「フィボナッチ」という言葉を初めて目にしたのです。

　フィボナッチ級数は13世紀のイタリアの数学者、レオナルド・フィボナッチが発見(正確には再発見)しました。先ほ

どの『はじめてのテクニカル分析』では次のように書かれています。

「黄金分割、あるいは、黄金比と呼ばれる比率があります。その元となっているのは、フィボナッチ数列と呼ばれる一連の数字です。それは1、1、2、3、5、8、13、21、34、55、89、144……」

投資関連の他の本においても、このフィボナッチ数列を取り上げたものがありますが、まとめると次のような特徴があります。

- 隣り合う数字を足すと次の数字となる
- （最初の3つを除いて）連続する2つの数字で小さい数字を大きい数字で割ると0.618倍の割合となる
- （最初の3つを除いて）連続する2つの数字で大きい数字を小さい数字で割ると1.618倍の割合となる
- 2つ上位の数に対しては0.382倍となる
- 2つ下位の数に対しては2.618倍となる
- 3つ上位の数に対しては0.236倍となる
- 3つ下位の数に対しては4.236倍となる
- これらの数字には下記のような相関がみられる

    $0.618 \times 1.618 = 1$

    $2.618 \times 0.382 = 1$

    $0.236 \times 1.618 = 0.382$

    $2.618 \times 1.618 = 4.236$

    $1.618 - 0.618 = 1$

    $2.618 - 1.618 = 1$

    $0.618 + 0.382 = 1$

1.618＋0.382＝2
2.618＋1.618＝4.236
0.618の二乗＝0.382
1.618の二乗＝2.618

　何だかむずかしそうですが、エジプトのピラミッドや、植物の花弁の数など自然界の法則も含めて、世の中にはこのフィボナッチ級数に従って動的均整を示すものが多く存在するといわれています。

　このうち0.382、0.618、1.618は黄金分割と呼ばれ、フィボナッチ級数のなかでもとくに、トレードにおいて価格の節目を推定したりする場合によく用いられるものです。

　実際にトレードを行なっていると、突然相場の動きが止まったり、反転したりすることを経験したことがある人は多いのではないでしょうか。

　しろふくろうの経験では、そんなときに、フィボナッチスケールを当てはめてみると、0.382や0.618などのフィボナッチ比率でピタリと止まったり、反転したりしていることがよくあるのです。

　なんとなくむずかしそうですが、実は私たちの身の回りには「不思議なことだけど、本当にたくさんのフィボナッチ比率が使われていたり、それが妙にあてはまったりする現象がある」ということだけを覚えておいてください。

✓フィボナッチPIVOTのしくみと算出法

　先に説明したように、ワイルダーが開発したスタンダードなPIVOTにおけるピボット・ポイントはピボット値（P）を中心に上に3つ、下に3つの合計7つの値で構成されていま

した。

　これから解説するフィボナッチPIVOTでは、ピボット値を中心に上に4つ、下に4つの合計9つの値のピボット・ポイントで構成されています。

　スタンダードなPIVOTにおけるピボット・ポイントと区別するために、フィボナッチPIVOTの値を上から順に次のような名称で呼ぶことにします。

- FR4（フィボナッチレジスタンス・フォー）
- FR3（フィボナッチレジスタンス・スリー）
- FR2（フィボナッチレジスタンス・ツー）
- FR1（フィボナッチレジスタンス・ワン）
- P（ピボット値）
- FS1（フィボナッチサポート・ワン）
- FS2（フィボナッチサポート・ツー）
- FS3（フィボナッチサポート・スリー）
- FS4（フィボナッチサポート・フォー）

　まずは、フィボナッチPIVOTのピボット・ポイントの計算式から確認してみましょう。

　スタンダードなPIVOTと同様に、フィボナッチPIVOTにおいても前日の値動きを元に各値を計算します。

　計算には、前日の高値＝H、安値＝L、終値＝Cを使います（スタンダードなPIVOTと同様、始値＝Oは使いません）。

　まずはピボット値です。

　これは、スタンダードなPIVOTの場合のピボット値と同様の計算式になります。

P＝（H＋L＋C）／3

ここから後の、フィボナッチPIVOTにおけるピボット・ポイントの計算は、実はスタンダードなPIVOTにおけるピボット・ポイントの計算よりずっとシンプルです。

先ほど計算したピボット値（P）の上下に、前日のレンジ（高値から安値を引いた値幅）にフィボナッチレシオをかけた値を足したり、引いたりすることにより求められます。

具体的に使用するフィボナッチレシオは、0.50、0.618、1.0、1.382の4つです。

フィボナッチサポート・ワン＝FS1は「買いポイント1」でもありますが、ピボット値（P）から前日のレンジ（高値－安値）にフィボナッチレシオ0.5をかけた値の分低くなった値となります。

FS1 ＝ P －（H － L）× 0.5

同様に、フィボナッチサポート・ツー＝FS2＝「買いポイント2」は、ピボット値（P）から前日のレンジ（高値－安値）にフィボナッチレシオ0.618をかけた値の分低くなった値となります。

FS2 ＝ P －（H － L）× 0.618

さらに下にフィボナッチサポート・スリー＝FS3＝「買いポイント3」があります。これはピボット値から前日の値幅を引いた値になります。

FS3 ＝ P －（H － L）× 1.0

一方、フィボナッチレジスタンス・ワン＝FR1は「売りポイント1」でもありますが、ピボット値（P）に前日のレンジ（高値－安値）にフィボナッチレシオ0.5をかけた値を足します。

FR1＝P＋（H－L）×0.5

　フィボナッチレジスタンス・ツー＝R2＝「売りポイント2」はピボット値（P）に前日のレンジ（高値－安値）にフィボナッチレシオ0.618をかけた値を足します。

FR2＝P＋（H－L）×0.618

　最後に、フィボナッチレジスタンス・スリー＝FR3＝「売りポイント3」は、ピボット値（P）に前日の値幅を足したものになります。

FR3＝P＋（H－L）×1.0

　ここまでのポイント、FS1、FS2、FS3は買いのエントリーに、FR1、FR2、FR3は売りのエントリーに使うことがありますが、最後のポイントであるFS4、FR4はトレンドモードへの転換点であり、最終のストップロスのポイントとなります。
　計算の仕方は、それぞれピボット値（P）から前日の値幅（高値－安値）にフィボナッチレシオ1.382をかけた値を引いたり、足したりして算出します。

FS4＝P－（H－L）×1.382
FR4＝P＋（H－L）×1.382

　0.5、0.618、1.0、1.382の4つのフィボナッチレシオを覚えてしまえば、スタンダードなPIVOTの計算式より簡単ですね。
　チャート上でこれらのピボット・ポイントを表示させると次のような位置関係になります。

```
                      FR4(1.382) ············  FR4=P+(H-L)×1.382
ピボット・ポイント
                      FR3(1.00) ·············  FR3=P+(H-L)×1.00

                      FR2(0.618) ············  FR2=P+(H-L)×0.618

                      FR1(0.50) ·············  FR1=P+(H-L)×0.50

                      P ·····················  P=(H+L+C)÷3

                      FS1(0.5) ··············  FS1=P-(H-L)×0.50

                      FS2(0.618) ············  FS2=P-(H-L)×0.618

                      FS3(1.00) ·············  FS3=P-(H-L)×1.00

                      FS4(1.382) ············  FS4=P-(H-L)×1.382
```

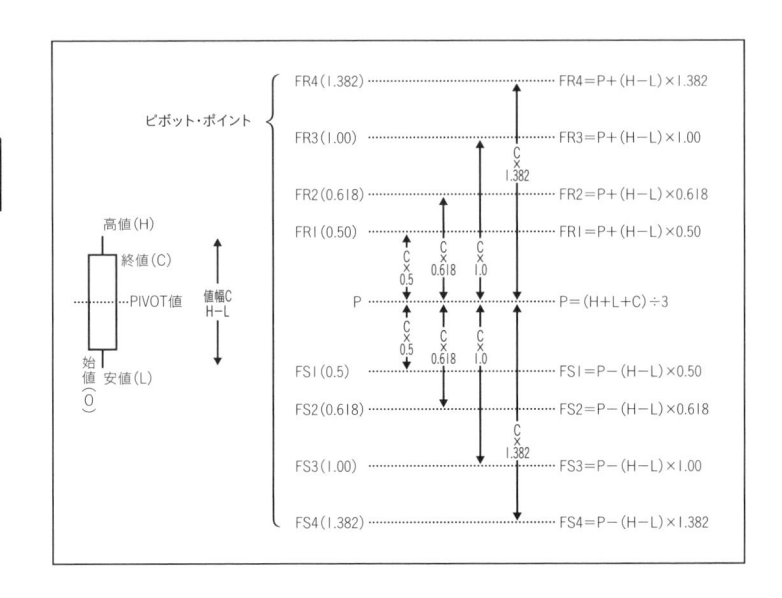

図を見るとわかるように、フィボナッチPIVOTではピボット値を中心に上下の各ピボット・ポイントまでの値幅が同じになっています。

計算式を一覧表にまとめると、下記のようになります。

FR4	P+(H-L)×1.382
FR3	P+(H-L)×1.0
FR2	P+(H-L)×0.618
FR1	P+(H-L)×0.5
P	(H+L+C)／3
FS1	P-(H-L)×0.5
FS2	P-(H-L)×0.618
FS3	P-(H-L)×1.0
FS4	P-(H-L)×1.382

✓ 実際の相場で算出してみると…

　それでは、先ほどと同様に、2010年6月4日のドル円日足データを使って実際にフィボナッチPIVOTにおけるピボット・ポイントを計算してみましょう。元となるデータは、始値（O）92.69、高値（H）92.89、安値（L）91.40、終値（C）91.87です。

　最初にすべての計算式に必要となる、ピボット値（P）を算出します。

$P＝（H＋L＋C）／3$

の計算式にあてはめると、

$P＝（92.89＋91.40＋91.87）÷3＝92.05$

となります。

　次に、FS1とFR1を計算してみましょう。

$FS1＝P－（H－L）×0.5$

ですので、

$FS1＝92.05－（92.89－91.40）×0.5＝91.31$

$FR1＝P＋（H－L）×0.5$

に当てはめると、

$FR1＝92.05＋（92.89－91.40）×0.5＝92.80$

となります。

　次に、FS2とFR2の計算は、

$FS2 = P - (H - L) \times 0.618$

に当てはめると、

$FS2 = 92.05 - (92.89 - 91.40) \times 0.618 = 91.13$

$FR2 = P + (H - L) \times 0.618$

ですから、

$FR2 = 92.05 + (92.89 - 91.40) \times 0.618 = 92.97$

となります。

　さらに、FS3 と FR3 は、

$FS3 = P - (H - L) \times 1.0$

ですので、

$FS3 = 92.05 - (92.89 - 91.40) \times 1.0 = 90.56$

となり、

$FR3 = P + (H - L) \times 1.0$

に当てはめると、

$FR3 = 92.05 + (92.89 - 91.40) \times 1.0 = 93.54$

となります。

　FS4 と FR4 の計算は、

$FS4 = P - (H - L) \times 1.382$

に当てはめると、

FS4 = 92.05 －（92.89 － 91.40）× 1.382 = 89.99

となり、

FR4 = P +（H － L）× 1.382

に当てはめると、

FR4 = 92.05 +（92.89 － 91.40）× 1.382 = 94.11

となります。

　最後に、スタンダードなPIVOTとフィボナッチPIVOTの計算結果を比較してみたいと思います。

スタンダードPIVOT		フィボナッチPIVOT	
R3	94.19	94.11	FR4
R2	93.54	93.54	FR3
R1	92.70	92.97	FR2
		92.80	FR1
P	92.05	92.05	P
		91.31	FS1
S1	91.21	91.13	FS2
S2	90.56	90.56	FS3
S3	89.72	89.99	FS4

　表をみると、スタンダードなPIVOTにおけるピボット・ポイントとフィボナッチPIVOTにおけるピボット・ポイントが重なるポイントがピボット値以外に2か所ありますが、計算式を見てもわかるようにR2とFR3、S2とFS3はまったく同じ計算結果になります。

　PIVOTの基本は、ピボット値（P）を中心に上下に前日の値幅を加えたものを仮想レンジとしたレンジトレードとなり

ます。

　そして、上下のブレイクポイント（R3、FR4、S3、FS4）を超えたときに、抜けた方向へ順張りのトレードを行なうというものです。

　ということで、中心となるピボット値（P）が非常に重要な意味をもつわけですが、その計算に用いた値は、前日の中心値（高値と安値の中央値）ではなく、それに「終値」を加味して3で割ったものでした。

　PART 2ではこの「終値」がPIVOTトレードで勝率を上げるためにとても重要な役割を果たしていることを、確率的アプローチで確認してみましょう。

PART 2
PIVOTトレードは確率的に有利
―― 値動きの全確率データ公開

Lesson 1

ピボット値は非常に意味のある数字だった!

✓ 4年分のデータを元に「今日の値動き」を検証

　PART 1では、ワイルダーが開発したスタンダードなPIVOTとフィボナッチPIVOTにおけるピボット・ポイントの計算方法について解説しました。

　なんだか回りくどいなと思われたかもしれませんが、これから解説する内容の基本となるところですので、たった1日分だけでもいいので是非とも自分の手で計算してみて、しっかりと頭に入れておいてくださいね。

　なお、これ以降で使うピボット・ポイントはすべてフィボナッチPIVOTにおけるものといたしますので、ご了承ください。

　しろふくろうが初めてPIVOTに出会ったのは、テクニカル分析に興味をもつきっかけとなった『はじめてのテクニカル分析』(林康史著、日本経済新聞出版社)でした。

　当時はまだFX会社の情報画面にもPIVOTに関するデータがなかったので、エクセル(表計算ソフト)に計算式を入力して、自力で毎日ピボット値や各ピボット・ポイントを算出していました。

　最初は、そうやって計算したピボット・ポイントをチャー

ト上に引いてなんとなく見ていただけなのですが、不思議とピボット・ポイントでチャートが反転したり、もみ合ったりするのをみているうちに、もう少し詳しくデータを集めてみようと思うようになりました。

具体的に何をしたかというと、過去のドル円の日足データを4年分集めてピボット値を計算し、その日の値動きのなかで、ピボット値をつけた回数を調べてみたのです。

実はこのデータの検証を行なう前に、何となくですが「チャートがピボット値に吸い寄せられていく動き」に注目していて、実際に数字で確認してみたいと思ったのがこの検証のきっかけでした。

そして結果は、想像以上の確率で、日足のピボット値をつけている！　というものでした。

1日のどの時間帯（シドニーや東京時間の寄り付きなのか、NY時間の引け間際なのか）につけたかはさておき、なんと「70％以上の確率」で日足のピボット値をつけていることがわかりました。

逆にいうと、1日の値動きのなかでピボット値をつけない日は3割未満しかないということです。

検証を行なう前には、「半分くらいの確率かな？」と考えていたのですが、予想以上の結果に驚き、さらに他の通貨ペアでも調べてみました。

実際に、ユーロ円、豪ドル円、ポンド円の3つのクロス円通貨ペアとユーロドル、ポンドドルの2つの対円以外の通貨ペアで、同様に4年分の日足データを集めて検証してみたところ、結果は予想どおりで、どの通貨ペアでも70％以上の確率で、しかもほぼ同じ％でピボット値をつけていたのでした。

さらにすごいことに、R1やS1、R2やS2（当初の検証ではス

タンダードなPIVOTにおけるピボット値を使っていました）といった各ピボット・ポイントへの到達率をみても、検証したすべての通貨ペアでほぼ同じ％で到達していることがわかりました。

　この検証作業を通じて、しろふくろうのPIVOTへの興味はさらに高まりました。そして、「1日の値動きが一定の確率でピボット・ポイントに到達する」という事実をいかにしてトレードに活かすかを考え、自分のトレードメソッドを構築することに取り組んだのです。

　この本の冒頭に書いた「大数の法則」によると、数回程度の検証では偏った結果になることがありますが、より多くのデータを集めることによって確率の精度を上げることができ、しっかりとした裏付けに基づいた戦略が取れるようになるはずです。

　PART 2では、ドル円、ユーロ円、豪ドル円、ドルスイス、ユーロドル、ポンドドルの6通貨ペアの日足データで1000本、週足データで500本ほどのサンプルをもとに、いろいろな角度からPIVOTのクセをしろふくろう流に検証した結果をまとめています。

　そしてPART 3以降では、PART 2で紹介するフィボナッチPIVOTの「確率データ」をベースに、実際のトレードでこれを活用していく方法について解説していきます。

　さらに、PART 7ではこの「確率データ」とフィボナッチPIVOTを使って、「リスクとリターン」を計算し、エントリーとエグジット（利食い、損切り）の最適オーダーの置き方についてまとめています。

　最終的には、PART 2で紹介するフィボナッチPIVOTの「確率データ」の結果だけを使うことも可能ですが、ぜひともそのプロセスについても理解していただければと思います。

少しむずかしく感じるかもしれませんが、順を追って読み進めていただくと、きっと日々のトレードの大きなヒントにもなると思います。

トレードは「大数の法則」で勝てる

ピボット・ポイントとは何か？

PIVOT トレードは確率的に有利

PIVOTトレードの基本

PIVOTトレードの応用

「トレンドステップ」の活用法

しろふくろう流PIVOTトレードの総合戦術

PIVOTトレードにおける最適リターン・リスク

メタトレーダーでPIVOTトレードを実践しよう！

Lesson 2
日足ピボット・ポイントへの到達率の全データ

✓前提条件なしの場合

　まずは、日足データの分析結果を確認してみましょう。

　なお、最初にお断りしておきますが、これから先のすべての検証は、ワイルダーが開発したスタンダードPIVOTにおけるピボット・ポイントではなく、フィボナッチPIVOTにおける9つのピボット・ポイントを使っています。

　まずはドル円の日足データ1023日分の「フィボナッチピボット・ポイント」への到達率のデータです（以下で使用するデータはすべて2006年7月〜2010年6月の4年分のもの）。

●ドル円PIVOT分析

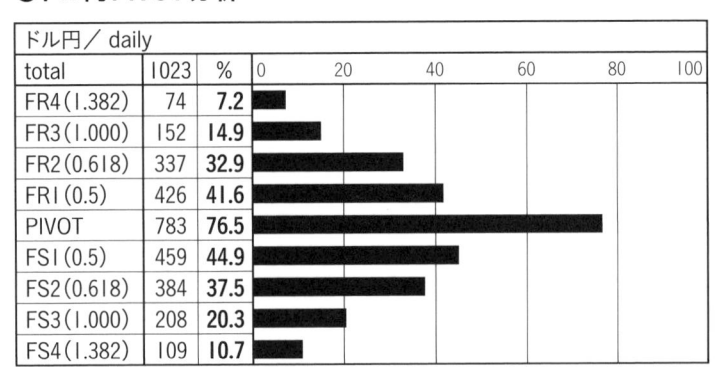

ドル円／daily		
total	1023	%
FR4(1.382)	74	7.2
FR3(1.000)	152	14.9
FR2(0.618)	337	32.9
FR1(0.5)	426	41.6
PIVOT	783	76.5
FS1(0.5)	459	44.9
FS2(0.618)	384	37.5
FS3(1.000)	208	20.3
FS4(1.382)	109	10.7

グラフの見方は、縦軸にピボット値を中心に上にフィボナッチPIVOTのFR1（0.5）、FR2（0.618）、FR3（1.0）、FR4（1.382）、下にFS1（0.5）、FS2（0.618）、FS3（1.0）、FS4（1.382）が並んでおり、横軸は到達率（％）となっています。各ポイントの横にある数字は、到達回数、到達率です。

　このグラフは「前日のデータから算出された各ピボット・ポイントに、当日のプライスが到達したかどうか」を示しています。

　それではこのグラフを使ってドル円の値動きの特徴を分析してみましょう。

　グラフの分布を見てわかるように、中央のピボット値がもっとも到達率が高く、FR4、FS4に向かって徐々に到達率が下がっています。

　このグラフではドル円のピボット値（P）への到達率は76.5％となっているのが確認できます。

　次に大きな数字がFR1の41.6％とFS1の44.9％でほぼ同じ数字となっています。

　その次がFR2の32.9％とFS2の37.5％でこちらもおおむね3割以上のほぼ同じ確率（3日に1回程度）で達成しているのがわかります。

　そして、FR3が14.9％、FS3が20.3％とやや差が大きく感じますが、おおむね2割程度（5日に1回ですから、週に1回程度の割合）の確率で達成しています。

　最後に、トレンドモードへの転換＝損切りのポイントとなるFR4とFS4ですが、それぞれ7.2％と10.6％となっており、1割程度以下の確率で出現しています。簡単にまとめると、

- **ピボット値（P）の到達率は約8割**（週に4回程度発生）
- **FR1、FS1の到達率は約4割**（週に2回程度発生）

- FR2、FS2の到達率は約3割（週に2回程度発生）
- FR3、FS3の到達率は約2割（週に1回程度発生）
- FR4、FS4の到達率は約1割（2週間に1回または月2回程度発生）

です。このデータから、ドル円はフィボナッチPIVOTのピボット・ポイントにこのような確率で到達するような値動きをするということが読み取れます。

同様に、ユーロ円、豪ドル円、ドルスイス、ユーロドル、ポンドドルの5通貨ペアのデータを見てみましょう。

●ユーロ円PIVOT分析

ユーロ円／daily			
total	1023	%	
FR4(1.382)	77	7.5	
FR3(1.000)	147	14.4	
FR2(0.618)	378	37.0	
FR1(0.5)	487	47.6	
PIVOT	759	74.2	
FS1(0.5)	466	45.6	
FS2(0.618)	382	37.3	
FS3(1.000)	197	19.3	
FS4(1.382)	105	10.3	

●豪ドル円PIVOT分析

豪ドル円／daily			
total	1023	%	
FR4(1.382)	66	6.5	
FR3(1.000)	185	18.1	
FR2(0.618)	395	38.6	
FR1(0.5)	481	47.0	
PIVOT	763	74.6	
FS1(0.5)	419	41.0	
FS2(0.618)	350	34.2	
FS3(1.000)	192	18.8	
FS4(1.382)	104	10.2	

●ドルスイスPIVOT分析

ドルスイス／daily			
total	1023	%	0　　20　　40　　60　　80　　100
FR4(1.382)	77	7.5	
FR3(1.000)	178	17.4	
FR2(0.618)	364	35.6	
FR1(0.5)	459	44.9	
PIVOT	805	78.7	
FS1(0.5)	454	44.4	
FS2(0.618)	369	36.1	
FS3(1.000)	184	18.0	
FS4(1.382)	91	8.9	

●ユーロドルPIVOT分析

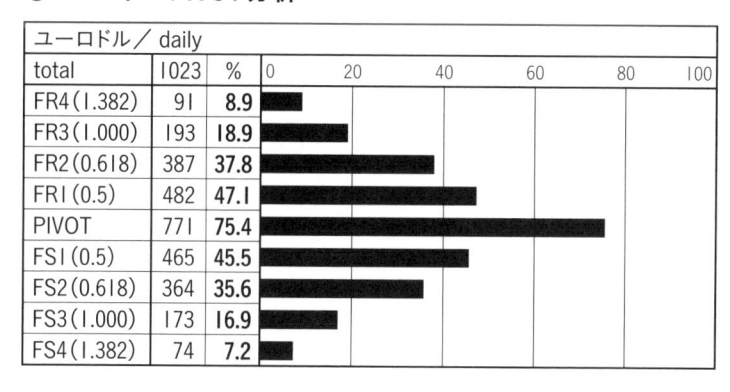

ユーロドル／daily			
total	1023	%	0　　20　　40　　60　　80　　100
FR4(1.382)	91	8.9	
FR3(1.000)	193	18.9	
FR2(0.618)	387	37.8	
FR1(0.5)	482	47.1	
PIVOT	771	75.4	
FS1(0.5)	465	45.5	
FS2(0.618)	364	35.6	
FS3(1.000)	173	16.9	
FS4(1.382)	74	7.2	

●ポンドドルPIVOT分析

ポンドドル／daily			
total	1023	%	0　　20　　40　　60　　80　　100
FR4(1.382)	82	8.0	
FR3(1.000)	176	17.2	
FR2(0.618)	391	38.2	
FR1(0.5)	464	45.4	
PIVOT	747	73.0	
FS1(0.5)	474	46.3	
FS2(0.618)	371	36.3	
FS3(1.000)	176	17.2	
FS4(1.382)	81	7.9	

最後に6通貨合計の到達率を算出してみました。

●6通貨合計PIVOT分析

6通貨計／daily			
total	6138	%	0 20 40 60 80 100
FR4(1.382)	467	7.6	
FR3(1.000)	1031	16.8	
FR2(0.618)	2252	36.7	
FR1(0.5)	2799	45.6	
PIVOT	4628	75.4	
FS1(0.5)	2737	44.6	
FS2(0.618)	2220	36.2	
FS3(1.000)	1130	18.4	
FS4(1.382)	564	9.2	

次の表は、ここまでに掲げた表を元に、少し比較しやすいように各ピボット・ポイントへの到達率のみをまとめてみたものです。

●各ピボット・ポイントへの到達率

到達率	6通貨計	最大値	最小値	ドル円	ユーロ円	豪ドル円	ドルスイス	ユーロドル	ポンドドル
FR4(1.382)	7.6	8.9	6.5	7.2	7.5	6.5	7.5	8.9	8.0
FR3(1.000)	16.8	18.9	14.4	14.9	14.4	18.1	17.4	18.9	17.2
FR2(0.618)	36.7	38.6	32.9	32.9	37.0	38.6	35.6	37.8	38.2
FR1(0.5)	45.6	47.6	41.6	41.6	47.6	47.0	44.9	47.1	45.4
PIVOT	75.4	78.7	73.0	76.5	74.2	74.6	78.7	75.4	73.0
FS1(0.5)	44.6	46.3	41.0	44.9	45.6	41.0	44.4	45.5	46.3
FS2(0.618)	36.2	37.5	34.2	37.5	37.3	34.2	36.1	35.6	36.3
FS3(1.000)	18.4	20.3	16.9	20.3	19.3	18.8	18.0	16.9	17.2
FS4(1.382)	9.2	10.7	7.2	10.7	10.3	10.2	8.9	7.2	7.9

中心のピボット値（P）への到達率は6通貨合計の平均で75.1％となっており、通貨別に見ても73.0％～78.7％のあいだでほぼ同じ程度の数字となっています。

また、他のピボット・ポイント（FR1やFS2など）への到達

率も数％の誤差で、ほぼ同じ分布となっていることが確認できます。

　ベースとなる前日の値幅にフィボナッチ比率をかけて各ポイントを算出しているのですが、多くのサンプルを集めることにより、こうして算出されたチャートポイントが正しく分布し、フィボナッチ比率が有効に作用していることが確認できたと思います。

✓前提条件＝「前日の陰陽」が重要

　前項の検証で、フィボナッチPIVOTがFX取引において通貨ペアに関係なく「意味のあるチャートポイント」として効いていることがわかりました。

　しろふくろうはこのデータをみて、「これは使えるぞ！」と興奮しました。そして、ピボット・ポイントを使ってセオリーどおりのトレード（逆張りトレード）を試みました。しかし結果は、うまくいく日もあれば、まったく当てはまらない日もあるといった具合で、いまひとつ収益が安定しませんでした。

　結論からいうと、あまり儲からなかったのです。

　そこでもう一度基本に戻り、フィボナッチピボット値をチャート上に線引きしているうちに「あること」に気が付き、再度検証してみることにしました。

　まずはピボット・ポイントの計算式を思い出してみましょう。

ピボット値（P）＝（前日の高値＋安値＋終値）／3

です。一般に使われる前日の中心値の算出方法は、

中心値＝（前日の高値＋安値）／2

で、「ピボット値」と「中心値」の違いは、「終値」を加味しているかどうかという点です。

つまり終値が中心値より高値に近く引けたときは「ピボット値＞中心値」となり安値に近く引けたときは「ピボット値＜中心値」となります。

この点に着目しデータを見直しているうちに、前日が「陽線」なのか「陰線」なのかによって、ピボット・ポイントへの到達率が異なることに気付きました。そしてこのことが、トレードに大きなヒントを与えてくれたのです。

これからご覧いただくデータは、さきほどのドル円の日足データを「陽線」（前日始値＜前日終値）、「陰線」（前日始値＞前日終値）別に分けてピボット・ポイントへの到達率を調べたものです。

さらにもう一歩突っ込んで、前日のデータが「陽線」のときについて、前々日のデータが「陽線」の場合と「陰線」の場合の2種類に分けて検証しました。

また、前日のデータが「陰線」の場合にも、前々日が「陰線」の場合と「陽線」の場合の2つのパターンで検証しました。

つまり、前日が「陽線」で2種類、前日が「陰線」で2種類の合計4パターンでの結果をまとめています。

この分析データは、PIVOTトレードを行なううえでかなり力強い味方となってくれると思います。

またこの後のPARTで使う確率的アプローチに基づくトレード戦術の基本となりますので、じっくりと確認してご理解いただければと思います。

✓「前日が陽線」の場合 □→？

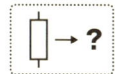

まずは「前日が陽線」のみの条件でのデータです。

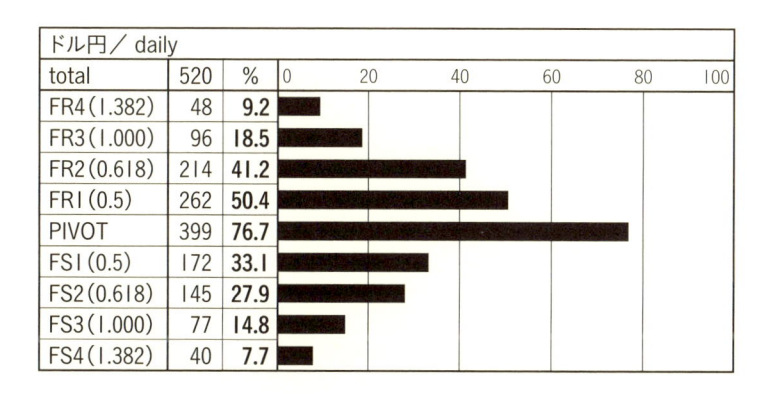

ドル円／daily			
total	520		
FR4 (1.382)	48	9.2	
FR3 (1.000)	96	18.5	
FR2 (0.618)	214	41.2	
FR1 (0.5)	262	50.4	
PIVOT	399	76.7	
FS1 (0.5)	172	33.1	
FS2 (0.618)	145	27.9	
FS3 (1.000)	77	14.8	
FS4 (1.382)	40	7.7	

「前日が陽線」のサンプル数は520ありました。全体が1023サンプルですので50.83％と、ほぼ半数が「陽線」という結果です。

最初に注目したいのは、中心のピボット値への到達率です。この場合（前日陽線）も76.7％と、1023本すべてのデータのときとほぼ変わらない確率でつけていることがわかります。

またグラフを見ると一目瞭然なのですが、FS1～FS4への到達率（グラフの下半分）がかなり下がっていることがわかります。

1023サンプル全体の場合と比較してみると、

	トータル		陽線のみ	差
FS1 (0.5)	44.9	→	33.1	-11.8
FS2 (0.618)	37.5	→	27.9	-9.7
FS3 (1.000)	20.3	→	14.8	-5.5
FS4 (1.382)	10.7	→	7.7	-3.0

となっており、ピボット値より下のピボット・ポイントへの到達率がかなり低下していることがわかります。

たとえば、トレンドモードへの転換点（損切りのポイント）であるFS4への到達率は7.7％まで低下していますので、確率的には「かなり積極的に押し目買い方向のトレードが可能」と読み取ることもできます。

※あくまでも過去のデータからの確率ですので、「大数の法則」に基づき、より多くのトレードを行なうと、この確率に収斂されていくという考え方になります。数回のトレードだけでは結果が異なることがありますのでご注意ください。

同様にピボット値より上への到達率を見てみましょう。

	トータル		陽線のみ	差
FR4(1.382)	7.2	→	9.2	**2.0**
FR3(1.000)	14.9	→	18.5	**3.6**
FR2(0.618)	32.9	→	41.2	**8.2**
FR1(0.5)	41.6	→	50.4	**8.7**

この場合は、逆にFR1〜FR4への到達率がかなり上がっていることがわかります。

次のPART以降で、このデータを使った具体的なトレード方法について説明しますが、次のようなトレードがイメージできると思います。

- **FS1**（確率33.1％）での買い注文
- **FS3**（確率14.8％）での損切り注文
- **FR1**（確率50.4％）での利食い注文

確率的にはFS3の損切りポイントに達する確率はわずか

14.8％で、逆の見方をするとストップがつかない確率は85.2％もあることになります。

　たとえば、朝のあいだにIFDOCO（イフダン・オー・シー・オー）で、指値注文を入れて釣り糸を垂らして待つといった方法です。これがPIVOTトレードの基本となります。

　このように、全体のデータを、単純に前日を「陽線」という条件を加えて見ただけでもかなり確率は上がるのですが、さらに細かく前々日を「陽線」または「陰線」で分けて検証してみるとどうなるでしょうか。

✓「前日陽線＋前々日陽線」の場合　▯→▯→？

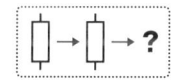

　下のグラフは、「前日が陽線で前々日が陽線」という組み合わせのデータです。

ドル円／daily			
total	241	%	0　20　40　60　80　100
FR4(1.382)	23	9.5	
FR3(1.000)	43	17.8	
FR2(0.618)	98	40.7	
FR1(0.5)	116	48.1	
PIVOT	191	79.3	
FS1(0.5)	92	38.2	
FS2(0.618)	77	32.0	
FS3(1.000)	37	15.4	
FS4(1.382)	14	5.8	

　このパターンは241回発生していて、全体の23.5％ありました。

　グラフを見るとわかるように、さきほどよりもさらにFR3、FR4への到達率が上がっているのが確認できます。

　「確率的アプローチ」からすると、「さらに積極的に買いを

検討する」ことが可能になることを示唆しています。

✓「前日陽線＋前々日陰線」の場合

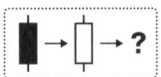

「前日が陽線」のデータの最後のパターンは、「前日が陽線で前々日が陰線」という組み合わせです。

ドル円／daily			
total	279	%	
FR4(1.382)	25	9.0	
FR3(1.000)	53	19.0	
FR2(0.618)	116	41.6	
FR1(0.5)	146	52.3	
PIVOT	208	74.6	
FS1(0.5)	80	28.7	
FS2(0.618)	68	24.4	
FS3(1.000)	40	14.3	
FS4(1.382)	26	9.3	

　このパターンの発生回数は279回で全体の27.2％ありました。

　このパターンでも、1023サンプルトータルの場合よりもFS1〜FS4の発生率は低く、「陽線＋陽線」の組み合わせ同様、買い方向の安心感があります。

　次に「前日が陰線」の場合のデータを見てみましょう。

✓「前日が陰線」の場合

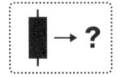

まずは「前日が陰線」のみの条件でのデータです。

ドル円／daily			
total	503	%	0 20 40 60 80 100
FR4(1.382)	26	5.2	
FR3(1.000)	56	11.1	
FR2(0.618)	123	24.5	
FR1(0.5)	164	32.6	
PIVOT	384	76.3	
FS1(0.5)	287	57.1	
FS2(0.618)	239	47.5	
FS3(1.000)	131	26.0	
FS4(1.382)	69	13.7	

「前日が陰線」のサンプル数は503サンプルありました。

全体が1023サンプルですので、前日が陰線の確率は49.17％という結果です。

ここでも、「陽線」のみのときのデータと同様に、中心のピボット値への到達率は76.3％と1023本すべてのデータのときとほぼ変わらない確率でつけていることがわかります。

またグラフを見ると一目瞭然なのですが、今度は逆にFR1～FR4への到達率（グラフの上半分）がかなり下がっていることがわかります。先ほどと同様に、1023サンプル全体の場合と比較してみると、

	トータル		陰線のみ	差
FR4(1.382)	7.2	→	5.2	**-2.1**
FR3(1.000)	14.9	→	11.1	**-3.7**
FR2(0.618)	32.9	→	24.5	**-8.5**
FR1(0.5)	41.6	→	32.6	**-9.0**

となっており、「陽線」のときとは逆にピボット値より上のピボット・ポイントへの到達率がかなり低下していることがわかります。

たとえば、トレンドモードへの転換点（損切りのポイント）

であるFR4への到達率は5.2％まで低下していますので、確率的には「かなり積極的に戻り売り方向のトレードをすること」が可能と判断できます。

同様に下方向への到達率を見てみましょう。

	トータル		陰線のみ	差
FS1(0.5)	44.8	→	57.1	**12.2**
FS2(0.618)	37.5	→	47.5	**10.0**
FS3(1.000)	20.3	→	26.0	**5.7**
FS4(1.382)	10.7	→	13.7	**3.0**

この場合は、逆にピボット値より下のFS1〜FS4への到達率がかなり上がっていることがわかります。

陽線のときと同様、このデータをもとに次のようなトレードがイメージできるでしょう。

- **FR1**（確率32.6％）での売り注文
- **FR3**（確率11.1％）での損切り注文
- **FS1**（確率57.1％）での利食い注文

たとえばこれをIFDOCO（イフダン・オー・シー・オー）で朝いちばんに指値注文を入れて約定を待つトレードなどが考えられます。

次に、「陽線」のときと同様にさらに細かく前々日を「陰線」または「陽線」で分けて分析してみましょう。

✓「前日陰線＋前々日陰線」の場合　▮→▮→?

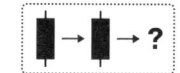

下のグラフは、「前日が陰線で前々日が陰線」という組み合わせです。

ドル円／daily			0 20 40 60 80 100
total	223	%	
FR4 (1.382)	5	2.2	
FR3 (1.000)	21	9.4	
FR2 (0.618)	54	24.2	
FR1 (0.5)	73	32.7	
PIVOT	166	74.4	
FS1 (0.5)	118	52.9	
FS2 (0.618)	100	44.8	
FS3 (1.000)	57	25.6	
FS4 (1.382)	34	15.2	

　このパターンは223回発生していて、全体の21.8％ありました。

　グラフを見るとわかるように、「陰線」全体のデータより、さらにFR3、FR4への到達率が下がっているのが確認できます。

　「確率的アプローチ」では、「さらに積極的に売りを検討すること」が可能になることを示唆しています。

✓「前日陰線＋前々日陽線」の場合

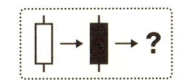

　最後に「前日が陰線で前々日が陽線」という組み合わせです。

ドル円／daily			0　20　40　60　80　100
total	280	%	
FR4 (1.382)	21	7.5	
FR3 (1.000)	35	12.5	
FR2 (0.618)	69	24.6	
FR1 (0.5)	91	32.5	
PIVOT	218	77.9	
FS1 (0.5)	169	60.4	
FS2 (0.618)	139	49.6	
FS3 (1.000)	74	26.4	
FS4 (1.382)	35	12.5	

　このパターンの発生回数は280回で全体の27.3％ありました。

　このパターンも、1023サンプルトータルの場合よりもFR1～FR4への到達率は低いものの、「陰線＋陰線」の組み合わせよりも上方向のポイントをつける確率が高くなっています。

　つまり、ショート（売り）の戦術をとってFR3やFR4のところに損切りポイントを置いた場合、「陰線＋陰線」のパターンより損切りがつく確率が高まることを示唆しています。

　「陰線＋陰線」パターンに比べて慎重にエントリーの判断を行なう必要があるといえます。

　以上で、前日データを「陽線」「陰線」に分けた場合のデータ分析は終わりです。

　ここまでの分析からわかるポイントを、以下で簡単にまとめてみました。

- 前日が「陰線」「陽線」にかかわらず中心のピボット値の到達率は70％を超えて高い水準である（1週間のうち4日はピボット値をつける）
- 「前日が陽線」の場合は、FS1～4の到達率が下がるので押

し目買い方向のトレードが確率的に有利である
- 「前日が陰線」の場合はFR1〜4への到達率が下がるので戻り売り方向のトレードが確率的に有利である
- 「前日が陽線＋前々日が陽線」のパターンではさらにFS1〜4の到達率が下がる
- 「前日が陰線＋前々日が陰線」のパターンではさらにFR1〜4の到達率が下がる
- 「陽線」と「陰線」の発生する確率はほぼ1／2となっている

　このデータは裁量でのトレードを行なう際にも十分役立つものと思います。
　なお、前日、前々日の陰陽の違いによる各通貨別「到達率」の一覧表は、巻末（237、238ページ）に載せました。ここで取り上げたドル円以外の通貨ペアでトレードをする際に大いに活用してください。

Lesson 3
週足ピボット・ポイントへの到達率の全データ

✓トレンド判断に使える週足データ

　ここまで、日足データを使ってドル円、ユーロ円、豪ドル円、ドルスイス、ユーロドル、ポンドドルの6通貨ペアについてフィボナッチPIVOTにおけるピボット・ポイントへの到達率をいろいろな角度から検証してきました。

　しろふくろうのブログ「しろふくろうFXテクニカル分析研究所」(http://sirofukurou.cocolog-nifty.com/blog/)をご覧いただいている方はご存知かと思いますが、しろふくろうは日足のピボット値だけではなく、毎週週足が確定するごとに週足でのピボット値も算出してトレードに活用しています。

　さらに月足に関してもピボット値を算出しています（実戦という面からすると、こちらは参考程度ですが）。

　PART 3以降で、ピボット値の基本的な活用法、そして実戦でのエントリーとエグジットについて詳しく解説していきますが、デイリー、ウイークリー、マンスリーのピボット値と現価格の位置関係から相場の強弱を客観的に判断する指標としても活用しています。

　簡単にいうと、「日足の終値がデイリー、ウイークリー、マンスリーの各ピボット値より上か下かでブル・ベアの判断

を行なう」というものです。

　ピボット値を使ったトレンドの判断に関してはPART 5で解説しますが、ここでは参考までに、終値と各ピボット値の位置関係をまとめてみました。

終値			
デイリーP	マンスリーP	デイリーP	マンスリーP
ウイークリーP	ウイークリーP	ウイークリーP	ウイークリーP
		終値	終値
マンスリーP	デイリーP	マンスリーP	デイリーP
	終値		
D:ブル	D:ベア	D:ベア	D:ブル
W:ブル	W:ベア	W:ベア	W:ベア
M:ブル	M:ベア	M:ブル	M:ベア

　たとえば、いちばん左は終値がすべてのピボット値より上にありますが、この場合は相場の勢いが強いと判断します。

　左から2番目は逆に終値がすべてのピボット値より下にありますが、この場合は相場の勢いが弱いと判断します。

　残りの2つは、ミックスした状態ですので、これまでの流れから強まっているか弱くなっているかを見極める必要があります。

　もちろん、これ以外の組み合わせもたくさんありますが、お伝えしたい意味はイメージしていただけるかと思います。

　さて、週足でのピボット・ポイントのお話の本題に戻ります。

　日足で検証したのと同じ方法で、週足についても各ピボット・ポイントへの到達率を検証してみたいと思います。

　週足でのピボット・ポイントについては、ユーロドルなどは発足から2010年6月現在で600本ほどのデータしかあり

ませんので、日足ほど正確には出ないかもしれませんが、十分に傾向は読み取れると思います。

それではまずは、ドル円の週足フィボナッチPIVOTにおけるピボット・ポイントのデータを確認してみましょう。

✓ 前提条件なしの場合

下のグラフはドル円の週足データ542週分のフィボナッチPIVOTにおけるピボット・ポイントへの到達率のデータです（データは2000年1月～2010年6月の約10年分のもの。他の週足データとの比較のために上記の期間での500サンプルほどの集計値としています）。

ドル円／weekly			
total	542	%	
FR4(1.382)	33	6.1	
FR3(1.000)	91	16.8	
FR2(0.618)	196	36.2	
FR1(0.5)	244	45.0	
PIVOT	429	79.2	
FS1(0.5)	245	45.2	
FS2(0.618)	193	35.6	
FS3(1.000)	95	17.5	
FS4(1.382)	48	8.9	

日足のピボット・ポイント到達率同様、すべてのデータで分布は上下にきれいに分かれています。

また、中心のピボット値への到達率は79.2％となっており、デイリーのピボット値の到達率76.5％と同様に7割以上の確率でつけていることがわかります。

わかりやすいように、デイリーとウイークリーで各ピボット・ポイントへの到達率を並べて比較してみました。

到達率	daily	weekly	W-D差
FR4 (1.382)	7.2	6.1	-1.1
FR3 (1.000)	14.9	16.8	1.9
FR2 (0.618)	32.9	36.2	3.2
FR1 (0.5)	41.6	45.0	3.4
PIVOT	76.5	79.2	2.6
FS1 (0.5)	44.9	45.2	0.3
FS2 (0.618)	37.5	35.6	-1.9
FS3 (1.000)	20.3	17.5	-2.8
FS4 (1.382)	10.7	8.9	-1.8

　サンプル数はデイリーに比べてウイークリーが半分ほどではありますが、到達率の差は大きくても3％ほどで、ほぼ同じ確率で各ピボット・ポイントをつけていることが確認できます。

　しろふくろうは、日足のデータを検証しているうちに、「各ピボット・ポイントへの到達率は多くのサンプル数を集めれば（大数の法則）、時間軸にかかわらずほぼ同じような確率となるのではないか？」との仮説を立てていましたが、少なくともウイークリーとデイリーでは正しい結果となったようです。

　これを日足の場合と同様に、「前週が陽線」、「陽線＋陽線」、「陽線＋陰線」、「前週が陰線」、「陰線＋陰線」、「陰線＋陽線」の各パターンの到達率を検証してみましょう。

✓「前週が陽線」の場合

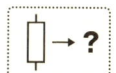

　まずは「前週が陽線」パターンの場合の到達率を見てみましょう。

ドル円／weekly			0	20	40	60	80	100
total	275	%						
FR4(1.382)	19	6.9						
FR3(1.000)	57	20.7						
FR2(0.618)	128	46.5						
FR1(0.5)	157	57.1						
PIVOT	210	76.4						
FS1(0.5)	83	30.2						
FS2(0.618)	70	25.5						
FS3(1.000)	33	12.0						
FS4(1.382)	17	6.2						

「前週が陽線」のサンプル数は275サンプルありました。

全体が542サンプルですので50.74％と、ほぼ半数が「陽線」という結果で、日足の発生率50.83％と同様の結果となっています。

またグラフを見ると日足のときと同様、FS1～FS4への到達率（グラフの下半分）がかなり下がっていることがわかります。

「前週（日）が陽線」の場合のデイリーとウイークリーの到達率を比較してみました。

到達率	daily	weekly	W-D差
FR4(1.382)	9.2	6.9	-2.3
FR3(1.000)	18.5	20.7	2.3
FR2(0.618)	41.2	46.5	5.4
FR1(0.5)	50.4	57.1	6.7
PIVOT	76.7	76.4	-0.4
FS1(0.5)	33.1	30.2	-2.9
FS2(0.618)	27.9	25.5	-2.4
FS3(1.000)	14.8	12.0	-2.8
FS4(1.382)	7.7	6.2	-1.5

「前週が陽線」の場合も日足の場合と同じような傾向で各ピボット・ポイントに到達していることがわかります。

また、サンプル数が違うので断定はできませんがウイーク

リーのほうがややしっかりとした方向感（FR1〜FR3への到達率が高い）が出る傾向があるようです。

✓「前週陽線＋前々週陽線」の場合

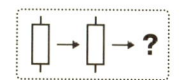

次に「前週が陽線で前々週が陽線」のパターンを見てみましょう。

ドル円／weekly		
total	137	%
FR4 (1.382)	10	7.3
FR3 (1.000)	30	21.9
FR2 (0.618)	63	46.0
FR1 (0.5)	78	56.9
PIVOT	108	78.8
FS1 (0.5)	41	29.9
FS2 (0.618)	34	24.8
FS3 (1.000)	13	9.5
FS4 (1.382)	7	5.1

このパターンも542週中137週で発生しており、全体の25％ほどの割合となっています。

「前週（日）が陽線で前々週（日）が陽線」のパターンの場合のデイリーとウイークリーの各ピボット・ポイントの到達率をまとめてみました。

到達率	daily	weekly	W-D差
FR4(1.382)	9.5	7.3	-2.2
FR3(1.000)	17.8	21.9	4.1
FR2(0.618)	40.7	46.0	5.3
FR1(0.5)	48.1	56.9	8.8
PIVOT	79.3	78.8	-0.4
FS1(0.5)	38.2	29.9	-8.2
FS2(0.618)	32.0	24.8	-7.1
FS3(1.000)	15.4	9.5	-5.9
FS4(1.382)	5.8	5.1	-0.7

こちらもデイリーとウイークリーは、ほぼ同じ到達率ですが、ウイークリーのほうが、やはりしっかりとした傾向が見られるようです。

✓「前週陽線＋前々週陰線」の場合

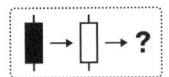

「陽線」の最後の組み合わせは、「前週が陽線で前々週が陰線」のパターンです。

まずはウイークリーのデータを見てみましょう。

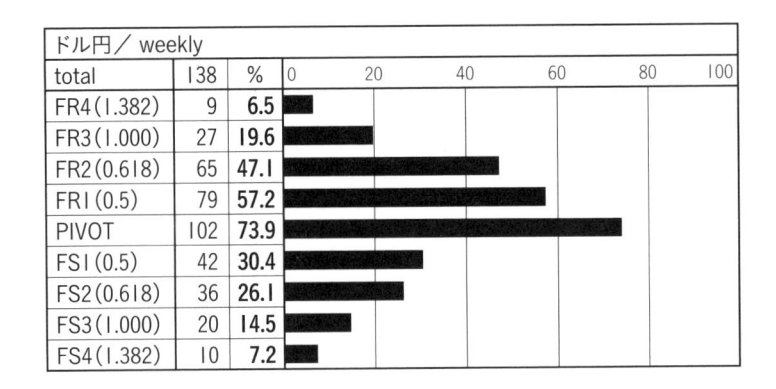

ドル円／weekly			
total	138	%	
FR4(1.382)	9	6.5	
FR3(1.000)	27	19.6	
FR2(0.618)	65	47.1	
FR1(0.5)	79	57.2	
PIVOT	102	73.9	
FS1(0.5)	42	30.4	
FS2(0.618)	36	26.1	
FS3(1.000)	20	14.5	
FS4(1.382)	10	7.2	

次にデイリーとウイークリーの比較データです。

到達率	daily	weekly	W-D差
FR4(1.382)	9.0	6.5	-2.4
FR3(1.000)	19.0	19.6	0.6
FR2(0.618)	41.6	47.1	5.5
FR1(0.5)	52.3	57.2	4.9
PIVOT	74.6	73.9	-0.6
FS1(0.5)	28.7	30.4	1.8
FS2(0.618)	24.4	26.1	1.7
FS3(1.000)	14.3	14.5	0.2
FS4(1.382)	9.3	7.2	-2.1

このパターンでもデイリーとウイークリーは、ほぼ同じ到達率となっているといってよいでしょう。

さらに、「陰線」のパターンも確認してみましょう。

✓「前週が陰線」の場合

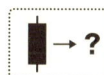

まずは、「前週が陰線」のパターンを見てみましょう。

ドル円／weekly			
total	267	%	
FR4(1.382)	14	5.2	
FR3(1.000)	34	12.7	
FR2(0.618)	68	25.5	
FR1(0.5)	87	32.6	
PIVOT	219	82.0	
FS1(0.5)	162	60.7	
FS2(0.618)	123	46.1	
FS3(1.000)	62	23.2	
FS4(1.382)	31	11.6	

「前週が陰線」のサンプル数は267サンプルありました。全体が542サンプル中で「陽線」が50.74％、「陰線」が49.26％という結果で、ほぼ半々の比率に落ち着いています。

またグラフを見ると日足のときと同様、FR1～FR4への

到達率（グラフの上半分）がかなり下がっていることがわかります。

「前週（日）が陰線」の場合のデイリーとウイークリーの到達率を比較してみました。

到達率	daily	weekly	W-D差
FR4(1.382)	5.2	5.2	0.0
FR3(1.000)	11.1	12.7	1.6
FR2(0.618)	24.5	25.5	1.0
FR1(0.5)	32.6	32.6	0.0
PIVOT	76.3	82.0	5.7
FS1(0.5)	57.1	60.7	3.6
FS2(0.618)	47.5	46.1	-1.4
FS3(1.000)	26.0	23.2	-2.8
FS4(1.382)	13.7	11.6	-2.1

「前週が陰線」の場合も全サンプル、陽線のみのパターンのときと同様、デイリーとウイークリーはほぼ同じ確率で各ピボット・ポイントに到達していることがわかります。

さらに、「前週が陰線」のデータを「前々週陰線」、「前々週陽線」の2つに分けて見てみましょう。

✓「前週陰線＋前々週陰線」の場合　▮→▮→？

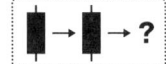

このパターンは129週の発生で、全542週中23.8％、約4分の1の割合となっています。また、陰線267週でみると48.3％の割合となっており、ほぼ均等な割合で分布していることがわかります。

ドル円／weekly			
total	129	%	
FR4(1.382)	5	3.9	
FR3(1.000)	12	9.3	
FR2(0.618)	33	25.6	
FR1(0.5)	42	32.6	
PIVOT	104	80.6	
FS1(0.5)	76	58.9	
FS2(0.618)	59	45.7	
FS3(1.000)	29	22.5	
FS4(1.382)	15	11.6	

「前週（日）が陰線で前々週（日）が陰線」のパターンの場合のデイリーとウイークリーの各ピボット・ポイントへの到達率です。

到達率	daily	weekly	W-D差
FR4(1.382)	2.2	3.9	1.6
FR3(1.000)	9.4	9.3	-0.1
FR2(0.618)	24.2	25.6	1.4
FR1(0.5)	32.7	32.6	-0.2
PIVOT	74.4	80.6	6.2
FS1(0.5)	52.9	58.9	6.0
FS2(0.618)	44.8	45.7	0.9
FS3(1.000)	25.6	22.5	-3.1
FS4(1.382)	15.2	11.6	-3.6

こちらもデイリーとウイークリーは、ほぼ同じ到達率と考えてよいでしょう。

✓「前週陰線＋前々週陽線」の場合

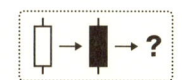

最後に、「前週が陰線で前々週が陽線」のパターンを確認してみましょう。

ドル円／weekly			
total	138	%	
FR4(1.382)	9	6.5	
FR3(1.000)	22	15.9	
FR2(0.618)	35	25.4	
FR1(0.5)	45	32.6	
PIVOT	115	83.3	
FS1(0.5)	86	62.3	
FS2(0.618)	64	46.4	
FS3(1.000)	33	23.9	
FS4(1.382)	16	11.6	

デイリーとウイークリーのデータの比較です。

到達率	daily	weekly	W-D差
FR4(1.382)	7.5	6.5	-1.0
FR3(1.000)	12.5	15.9	3.4
FR2(0.618)	24.6	25.4	0.7
FR1(0.5)	32.5	32.6	0.1
PIVOT	77.9	83.3	5.5
FS1(0.5)	60.4	62.3	2.0
FS2(0.618)	49.6	46.4	-3.3
FS3(1.000)	26.4	23.9	-2.5
FS4(1.382)	12.5	11.6	-0.9

　このパターンでもデイリーとウイークリーは、ほぼ同じ到達率となっているといってよいでしょう。

　ここまでの分析から、データのポイントをまとめてみました。

- デイリー、ウイークリーにかかわらず、中心のピボット値への到達率は70%を超えて高い水準である
- 「前週（日）が陽線」の場合の各ピボット・ポイントの到達率は、デイリー、ウイークリーともほぼ同じ傾向となっている
- 「前週（日）が「陰線」の場合の各ピボット・ポイントの到達

率は、デイリー、ウイークリーともほぼ同じ傾向となっている
- 「前週（日）陽線＋前々週（日）陽線」のパターンは買い方向の到達率が高くなっている
- 「前週（日）陰線＋前々週（日）陰線」のパターンは売り方向の到達率が高くなっている
- 「陽線」「陰線」の発生率はデイリー、ウイークリーともほぼ１／２となっている

通貨別にみた週足ピボット・ポイントへの到達率

最後にウイークリーのドル円、ユーロ円、豪ドル円、ドルスイス、ユーロドル、ポンドドルの「陽線」「陰線」の発生パターン別の各ピボット・ポイントへの到達率をまとめてみました。

● 全データ

到達率	6通貨計	最大値	最小値	ドル円	ユーロ円	豪ドル円	ドルスイス	ユーロドル	ポンドドル
FR4（1.382）	7.5	12.7	5.7	6.1	5.7	12.7	5.7	8.3	6.3
FR3（1.000）	17.6	23.4	13.5	16.8	15.7	23.4	13.5	19.2	16.6
FR2（0.618）	38.3	43.4	35.0	36.2	40.2	43.4	35.0	38.9	36.2
FR1（0.5）	47.5	51.5	44.5	45.0	51.5	50.0	44.5	48.3	45.2
PIVOT	72.9	79.2	54.6	79.2	73.2	54.6	77.3	76.0	77.3
FS1（0.5）	44.7	46.9	42.4	45.2	42.4	44.3	46.9	45.0	44.5
FS2（0.618）	36.1	37.9	34.9	35.6	34.9	37.3	37.9	35.2	36.0
FS3（1.000）	17.4	22.0	13.7	17.5	16.4	22.0	17.6	13.7	17.2
FS4（1.382）	8.3	13.3	5.4	8.9	7.9	13.3	6.4	5.4	7.9

● 「前週が陽線」 □→?

到達率	6通貨計	最大値	最小値	ドル円	ユーロ円	豪ドル円	ドルスイス	ユーロドル	ポンドドル
FR4(1.382)	9.4	15.4	6.9	6.9	8.4	15.4	7.5	8.7	8.9
FR3(1.000)	23.0	29.2	17.1	20.7	21.7	29.2	17.1	23.8	24.8
FR2(0.618)	50.8	57.0	46.5	46.5	53.1	57.0	47.2	50.7	48.9
FR1(0.5)	61.2	65.4	57.1	57.1	65.4	63.8	57.5	62.6	59.6
PIVOT	71.6	79.4	52.0	76.4	71.8	52.0	79.4	76.2	75.9
FS1(0.5)	31.6	34.5	30.1	30.2	32.7	31.9	34.5	30.4	30.1
FS2(0.618)	26.1	28.6	24.5	25.5	26.5	27.2	28.6	24.8	24.5
FS3(1.000)	12.7	16.4	9.8	12.0	12.3	16.4	14.7	9.8	11.3
FS4(1.382)	6.2	9.7	3.8	6.2	6.8	9.7	6.0	3.8	4.3

● 「前週陽線＋前々週陽線」 □→□→?

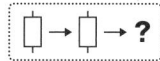

到達率	6通貨計	最大値	最小値	ドル円	ユーロ円	豪ドル円	ドルスイス	ユーロドル	ポンドドル
FR4(1.382)	10.1	15.15	4.92	7.3	8.0	15.2	4.9	13.1	10.5
FR3(1.000)	25.4	33.33	13.93	21.9	21.3	33.3	13.9	30.7	28.8
FR2(0.618)	51.8	60.00	45.99	46.0	46.6	60.0	48.4	57.5	51.0
FR1(0.5)	60.7	66.67	54.10	56.9	59.8	63.6	54.1	66.7	61.4
PIVOT	72.1	78.83	55.15	78.8	75.9	55.2	78.7	73.2	73.9
FS1(0.5)	32.3	38.51	26.80	29.9	38.5	34.5	35.2	26.8	28.1
FS2(0.618)	27.1	31.61	22.88	24.8	31.6	30.3	29.5	22.9	22.9
FS3(1.000)	14.2	20.00	9.49	9.5	15.5	20.0	15.6	11.1	12.4
FS4(1.382)	7.0	10.91	5.11	5.1	8.0	10.9	6.6	5.2	5.2

● 「前週陽線＋前々週陰線」 ■→□→?

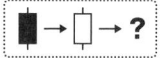

到達率	6通貨計	最大値	最小値	ドル円	ユーロ円	豪ドル円	ドルスイス	ユーロドル	ポンドドル
FR4(1.382)	8.6	15.8	3.8	6.5	8.9	15.8	10.0	3.8	7.0
FR3(1.000)	20.3	24.1	15.8	19.6	22.2	24.1	20.0	15.8	20.2
FR2(0.618)	49.6	61.5	42.9	47.1	61.5	53.4	46.2	42.9	46.5
FR1(0.5)	61.7	72.6	57.2	57.2	72.6	63.9	60.8	57.9	57.4
PIVOT	71.1	80.0	48.1	73.9	66.7	48.1	80.0	79.7	78.3
FS1(0.5)	30.8	34.6	25.2	30.4	25.2	28.6	33.8	34.6	32.6
FS2(0.618)	25.1	27.7	20.0	26.1	20.0	23.3	27.7	27.1	26.4
FS3(1.000)	11.2	14.5	8.1	14.5	8.1	12.0	13.8	8.3	10.1
FS4(1.382)	5.3	8.3	2.3	7.2	5.2	8.3	5.4	2.3	3.1

● 「前週が陰線」

到達率	6通貨計	最大値	最小値	ドル円	ユーロ円	豪ドル円	ドルスイス	ユーロドル	ポンドドル
FR4 (1.382)	5.3	9.4	2.1	5.2	2.1	9.4	3.8	7.8	3.5
FR3 (1.000)	11.4	16.4	7.7	12.7	7.7	16.4	10.0	14.1	7.7
FR2 (0.618)	24.4	26.6	22.3	25.5	23.2	26.6	23.1	25.8	22.3
FR1 (0.5)	32.1	33.2	29.6	32.6	33.0	33.2	31.9	32.4	29.6
PIVOT	74.3	82.0	57.8	82.0	75.1	57.8	75.4	75.8	78.8
FS1 (0.5)	59.3	61.3	55.4	60.7	55.4	59.4	58.8	61.3	60.0
FS2 (0.618)	47.3	49.6	45.9	46.1	45.9	49.6	46.9	46.9	48.5
FS3 (1.000)	22.6	28.7	18.0	23.2	21.9	28.7	20.4	18.0	23.5
FS4 (1.382)	10.7	17.6	6.9	11.6	9.4	17.6	6.9	7.0	11.9

● 「前週陰線＋前々週陰線」

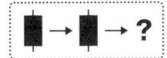

到達率	6通貨計	最大値	最小値	ドル円	ユーロ円	豪ドル円	ドルスイス	ユーロドル	ポンドドル
FR4 (1.382)	6.1	10.8	3.1	3.9	3.1	10.8	4.6	10.7	3.8
FR3 (1.000)	12.2	17.2	9.3	9.3	9.3	17.1	10.0	17.2	10.8
FR2 (0.618)	25.6	27.9	22.7	25.6	22.7	27.9	24.6	27.9	24.6
FR1 (0.5)	33.2	36.1	30.0	32.6	36.1	36.0	30.0	35.2	30.8
PIVOT	73.4	80.6	57.7	80.6	77.3	57.7	73.1	74.6	76.2
FS1 (0.5)	57.4	62.3	54.6	58.9	55.7	55.9	62.3	56.6	54.6
FS2 (0.618)	45.8	50.0	43.3	45.7	43.3	45.9	50.0	43.4	45.4
FS3 (1.000)	22.3	27.9	16.4	22.5	19.6	27.9	25.4	16.4	21.5
FS4 (1.382)	11.1	18.0	6.9	11.6	13.4	18.0	6.9	7.4	10.8

● 「前週陰線＋前々週陽線」

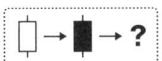

到達率	6通貨計	最大値	最小値	ドル円	ユーロ円	豪ドル円	ドルスイス	ユーロドル	ポンドドル
FR4 (1.382)	4.6	8.3	1.5	6.5	1.5	8.3	3.1	5.2	3.1
FR3 (1.000)	10.7	15.9	4.6	15.9	6.6	15.8	10.0	11.2	4.6
FR2 (0.618)	23.3	25.6	20.0	25.4	23.5	25.6	21.5	23.9	20.0
FR1 (0.5)	31.1	33.8	28.5	32.6	30.9	30.8	33.8	29.9	28.5
PIVOT	75.2	83.3	57.9	83.3	73.5	57.9	77.7	76.9	81.5
FS1 (0.5)	61.0	65.7	55.1	62.3	55.1	62.4	55.4	65.7	65.4
FS2 (0.618)	48.7	52.6	43.8	46.4	47.8	52.6	43.8	50.0	51.5
FS3 (1.000)	22.8	29.3	15.4	23.9	23.5	29.3	15.4	19.4	25.4
FS4 (1.382)	10.4	17.3	6.6	11.6	6.6	17.3	6.9	6.7	13.1

PART 3
PIVOTトレードの基本
―― 指値(IFDOCO)の方法

Lesson 1
PIVOTトレードの基本形は指値の押し目買い・戻り売り

✓ ピボット・ポイントへの到達率が重要

いよいよこのPARTから、ピボット・ポイントを使ったトレード方法(PIVOTトレード)について具体的に説明していきたいと思います。

PART 2までは、計算や確率の話が中心で、数字が多くて混乱したかもしれませんが、PIVOTトレードで勝率を上げるために大切な考え方となりますのでしっかりとマスターしていただければと思います。

まずLesson 1では、PIVOTの別名である「リアクション・トレンド・システム」としての使い方、すなわちピボット・ポイントでの指値を使ったエントリーとエグジットの方法について説明していきます(用いるのはフィボナッチPIVOTです)。

さて、確率的アプローチからすると、どこに指値を置くかについては、PART 2で解説した「ピボット・ポイントへの到達率」(値動きの確率分布)が大切であり、勝率を上げるためにこれを最大限に活用していきます。

その基本的なデータを再掲しておきます。もし意味がわからなくなったときはPART 2の本文を読み返していただければと思います。

下の表は、6通貨合計の日足全データでの各ピボット・ポイントへの到達率をまとめたものです。

6通貨計／daily			
total	6138	%	0　20　40　60　80　100
FR4(1.382)	467	7.6	
FR3(1.000)	1031	16.8	
FR2(0.618)	2252	36.7	
FR1(0.5)	2799	45.6	
PIVOT	4628	75.4	
FS1(0.5)	2737	44.6	
FS2(0.618)	2220	36.2	
FS3(1.000)	1130	18.4	
FS4(1.382)	564	9.2	

　まず、中心のピボット値をつける確率は75％あり1週間5営業日として「週に4回弱は、1日の値動きにおいてピボット値をつける日がある」という見方になります。

　次に高いのがピボット値に前日の値幅（高値－安値）の0.5倍値を足したFR1と、ピボット値から同様の値を引いたFS1で、それぞれ45％ほどの数値となっています。これは1週間でみると、ほぼ2日に1回はこの数値をつけていることになります。

　同様にFR2、FS2は35％ほどの確率ですから週2回程度出現し、FR3、FS3は18％ほどの確率ですから週に1回程度はこのポイントをつけることが予想できます。

　またもっとも到達率の低いFR4、FS4の場合は10％弱となっていますから、10日に1回程度（2週間に1回程度）の出現率となっていることが読み取れます。

　このデータを活用するだけでも、やみくもに指値オーダーを置くよりは効率的なトレードが可能となりますが、さらに勝率を高めるために、しろふくろうは次のような「確率的ア

プローチ」でピボット・ポイントを活用しています。

✓「無理なエントリー」はしない

「リアクション・トレンド・システム」としてのエントリーの考え方は「上がったら売り」「下がったら買い」の逆張りとなります。

しかし、しろふくろう流のエントリーは、「ピボット・ポイントへの到達率」（値動きの確率分布）を活用し、「今日の大きな流れが上方向なのか下方向か」を見極めることによって勝率を上げるようにエントリーポイントを決めていきます。

たとえば、前日と前々日の陰陽パターンから、上方向の流れのときには「下がったら買い」で押し目買いをし、下方向の流れのときには「上がったら売り」で戻り売りとなるように、いずれの場合も大きな流れに順張りとなるようなトレードを行ないます。

●PIVOTトレードの基本

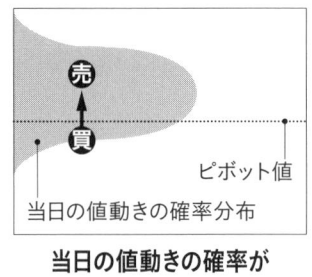

当日の値動きの確率分布
売
買
ピボット値
当日の値動きの確率分布

当日の値動きの確率が上方向ならば、「買い」から入る

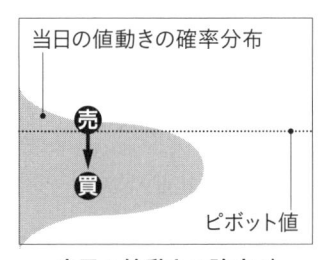

当日の値動きの確率分布
売
買
ピボット値

当日の値動きの確率が下方向ならば、「売り」から入る

また毎回エントリーするのではなく、できるだけわかりやすいパターンを見つけることで（無理なエントリーを減らすこと

によって)、勝ちトレードにする比率を高めることができます。FXでもギャンブルと同じで「勝てる確率の高いゲームだけ勝負する」ことが生き残るうえで大切です。

　この部分は後ほど説明しますので、まずは基本的なエントリーポイントを確認しておきましょう。

　買いのエントリーポイントについてはピボット値より下の、

FS1、FS2、FS3

の3つのピボット・ポイントを使います。

　先ほど述べたように、FS1（2日に1回程度）、FS2（週に2回程度）、FS3（週に1回程度）の確率で約定する可能性がありますので、どのポイントを使うかは資金量等を含めて検討する必要があります。

　売りのエントリーポイントについてはピボット値より上の、

FR1、FR2、FR3

の3つのピボット・ポイントを使います。

　買いの場合と同様に、FR1（2日に1回程度）、FR2（週に2回程度）、FS3（週に1回程度）の確率で約定する可能性があります。

　なお、PIVOTトレードでは、FR4、FS4はレンジ相場からトレンドモードへの転換を示唆するポイントですので、FR4を戻り売り、FS4を押し目買いのエントリーに使うことはありません。

　さて、これまでに挙げた8つのピボット・ポイント以外にもう一つポイントが残っています。

　そうです、中央のピボット値（P）です。

　後ほど説明しますが、相場の勢いが明らかに強いときに、ピボット値より上でマーケットがオープンしたときには、ピボット値で買いのエントリーを検討することがあります。

同様に、相場の勢いが明らかに弱いときにピボット値より下でマーケットがオープンしたときには、ピボット値で売りのエントリーを検討することがあります。

しかしながら一般的には買いの場合はFS1、FS2、FS3、売りの場合はFR1、FR2、FR3を使うことをお勧めします。

利食いポイントの考え方

利食いポイントに関しては、「利食い＝利益の出るポイント」になりますので、買いエントリーの場合はそのエントリーポイントより上のピボット・ポイントとなります。

たとえば、FS1で買いエントリーした場合は、その上のピボット値（P）、FR1、FR2、FR3、FR4が利食いポイントとなります。

また売りの場合は、エントリーポイントより下のピボット・ポイントが利食いポイントとなります。

FR1で売りエントリーを行なった場合は、その下のピボット値（P）、FS1、FS2、FS3、FS4が利食いポイントとなります。

エントリーポイントと利食いポイントの関係を図にまとめてみました。

●買いのエントリーと利食いポイント

FR4(1.382)	利食い	利食い	利食い
FR3(1.000)	利食い	利食い	利食い
FR2(0.618)	利食い	利食い	利食い
FR1(0.5)	利食い	利食い	利食い
PIVOT	利食い	利食い	利食い
FS1(0.5)	エントリー	利食い	利食い
FS2(0.618)		エントリー	利食い
FS3(1.000)			エントリー
FS4(1.382)			

●売りのエントリーと利食いポイント

FR4(1.382)			
FR3(1.000)			エントリー
FR2(0.618)		エントリー	利食い
FR1(0.5)	エントリー	利食い	利食い
PIVOT	利食い	利食い	利食い
FS1(0.5)	利食い	利食い	利食い
FS2(0.618)	利食い	利食い	利食い
FS3(1.000)	利食い	利食い	利食い
FS4(1.382)	利食い	利食い	利食い

　最終的にどこを利食いポイントに設定するかは、そのときどきの相場の強さにも左右されます。

　基本的な考え方としては、FS1で買いエントリーできた場合、ピボット値は75%の確率でつきますので、ピボット値を売り指値とすればかなり高い確率で利食いが可能となります。一方、FR3で利食いの指値を入れた場合、到達率は16.5%となりますので、利食いできる確率はかなり下がります。

　しかし、相場の強弱で上記の確率は変わってきますので、基本的なデータを参考に、実際にはより効果的な利食いポイントを設定したほうがよいでしょう。

✓損切りポイントの考え方

　損切りポイントの考え方も、利食いポイントと同様です。

　「損切り＝利益がマイナスとなるポイント」となりますので、買いエントリーの場合はそのエントリーポイントより下のピボット・ポイントとなります。

　たとえば、FS1で買いエントリーした場合は、その下のFS2、FS3、FS4が損切りポイントとなります。

　また売りの場合は、エントリーポイントより上のピボット・

ポイントが損切りポイントとなります。

たとえば、FR1で売りエントリーを行なった場合は、その上のFR2、FR3、FR4が損切りポイントとなります。

エントリーポイントと損切りポイントの関係を図にまとめてみました。

●買いのエントリーと損切りポイント

FR4(1.382)			
FR3(1.000)			
FR2(0.618)			
FR1(0.5)			
PIVOT			
FS1(0.5)	エントリー		
FS2(0.618)	損切り	エントリー	
FS3(1.000)	損切り	損切り	エントリー
FS4(1.382)	損切り	損切り	損切り

●売りのエントリーと損切りポイント

FR4(1.382)	損切り	損切り	損切り
FR3(1.000)	損切り	損切り	エントリー
FR2(0.618)	損切り	エントリー	
FR1(0.5)	エントリー		
PIVOT			
FS1(0.5)			
FS2(0.618)			
FS3(1.000)			
FS4(1.382)			

✓エントリーとエグジット(利食い、損切り)のまとめ

ここまで解説したピボット・ポイントを使ったエントリー、エグジット（利食い、損切り）の関係をまとめてみました。

●買いのエントリーと利食い、損切りポイント

FR4(1.382)	利食い	利食い	利食い
FR3(1.000)	利食い	利食い	利食い
FR2(0.618)	利食い	利食い	利食い
FR1(0.5)	利食い	利食い	利食い
PIVOT	利食い	利食い	利食い
FS1(0.5)	エントリー	利食い	利食い
FS2(0.618)	損切り	エントリー	利食い
FS3(1.000)	損切り	損切り	エントリー
FS4(1.382)	損切り	損切り	損切り

●売りのエントリーと利食い、損切りポイント

FR4(1.382)	損切り	損切り	損切り
FR3(1.000)	損切り	損切り	エントリー
FR2(0.618)	損切り	エントリー	利食い
FR1(0.5)	エントリー	利食い	利食い
PIVOT	利食い	利食い	利食い
FS1(0.5)	利食い	利食い	利食い
FS2(0.618)	利食い	利食い	利食い
FS3(1.000)	利食い	利食い	利食い
FS4(1.382)	利食い	利食い	利食い

　この考え方をベースとして、しろふくろうの場合は、売り、買いともにいくつかのエントリーパターンを決めています。

　たとえば、下のようなものです。

●買い

エントリー	損切り	利食い①	利食い②
FS2	FS3	PIVOT	FR1
FS3	FS4	FS1	PIVOT

● 売り

エントリー	損切り	利食い①	利食い②
FR2	FR3	PIVOT	FS1
FR3	FR4	FR1	PIVOT

　利食いのメインはエントリーしたポイントより1段階あるいは2段階先のポイント、損切りはエントリーしたポイントの次のサポートまたはレジスタンスにするという形です。
　これが基本的なオーダーの入れ方になります。
　では実際のデータをもとに、オーダーの入れ方を検証してみましょう。

✓買いエントリーの実際の例

　まずは、前日が陽線の場合のエントリーの例です。
　たとえばある通貨が下のような4本値であった翌日のPIVOTトレードを考えてみましょう。

始値	高値	安値	終値
90.25	91.24	90.23	91.14

　この4本値からフィボナッチPIVOTにおけるピボット・ポイントは、

FR4	FR3	FR2	FR1	PIVOT	FS1	FS2	FS3	FS4
92.27	91.88	91.49	91.38	90.87	90.37	90.25	89.86	89.47

のように算出されます。
　それでは、算出されたピボット・ポイントを元に指値オー

ダーを入れてみましょう。

今回は、終値91.14が始値90.25より高いため「陽線」となります。ここでは前日が陽線の場合の6通貨計のデータを使ってピボット・ポイントへの到達率を確認してみます（後のPARTで解説しますが、実際にトレードするときには該当する通貨ペアの確率表を用います）。

6通貨計／daily			0　20　40　60　80　100
total	3135	%	
FR4(1.382)	283	9.0	
FR3(1.000)	622	19.8	
FR2(0.618)	1414	45.1	
FR1(0.5)	1776	56.7	
PIVOT	2367	75.5	
FS1(0.5)	1011	32.2	
FS2(0.618)	799	25.5	
FS3(1.000)	409	13.0	
FS4(1.382)	201	6.4	

確率的には、下方向（売り）より上方向（買い）のトレードのほうが有利のようですので、エントリーでは買いの指値オーダーを検討してみたいと思います。

各ポイントの到達率は、FS1が32.2％、FS2が25.5％、FS3が6.4％となっており、FS2での買いを狙って指値オーダーを置いてみます。

次に損切りオーダーのポイントですが、FS3が6.4％ですのでここに損切りのストップオーダーを置きます。

最後に利食いオーダーですが、ピボット値が75.5％、FR1が56.7％となっており今回はピボット値に利食いオーダーを置いてみましょう。

以上をまとめると、FS2（エントリー）、FS3（損切り）、ピボット値（利食い）で、

●買い注文

エントリー	損切り	利食い①
FS2	FS3	PIVOT
90.25	89.86	90.87

のようなオーダーを指値注文(イフダンオー・シー・オー)で行ないます。

この場合、計算上の損失は39pt(90.25 − 89.86)、利益は62pt(90.87 − 90.25)となります。

ロングエントリーの場合 (FS2エントリー→FS3ストップロス→PIVOT利食いの場合)

PIVOTO値	価格	到達率	値幅(PIPS)		利益(PIPS)	損失(PIPS)
FR4	92.27	9				
↑			39			
FR3	91.88	19.8				
↑			39			
FR2	91.49	45.1				
↑			11			
FR1	91.38	56.7				
↑			51			
PIVOT	90.87	75.5		利食い	62	
↑			50			
FS1	90.37	32.2				
↑			12			
FS2	90.25	25.5		エントリー		
↑			39			
FS3	89.86	13		ストップロス		39
↑			39			
FS4	89.47	6.4				

また、リスク・リターン比(利益と損失の比率)は39:62で1:1.59となります。

※いずれもスプレッド等を加味していません。実際の注文では取引するFX会社のスプレッド等を加味して注文を入れることになりますので注意してください。

✓売りエントリーの実際の例

次に前日が陰線の場合のエントリーの例です。

たとえばある通貨が下のような4本値であった翌日のPIVOTトレードを考えてみましょう。

始値	高値	安値	終値
91.46	91.89	91.00	91.15

この4本値からフィボナッチPIVOTにおけるピボット・ポイントは、

FR4	FR3	FR2	FR1	PIVOT	FS1	FS2	FS3	FS4
92.58	92.24	91.90	91.79	91.35	90.90	90.80	90.46	90.12

のように算出されます。

それでは、算出されたピボット・ポイントを元に指値オーダーを入れてみましょう。

今回は、終値91.15が始値91.46より低いため「陰線」となります。先ほどと同様に前日が陰線の場合の6通貨計のデータを使ってピボット・ポイントへの到達率を確認してみます。

実際にトレードするときには該当する通貨ペアの到達率の表（237～238ページ）を用いてください。

6通貨計／daily			0	20	40	60	80	100
total	3003	%						
FR4 (1.382)	184	6.1						
FR3 (1.000)	409	13.6						
FR2 (0.618)	838	27.9						
FR1 (0.5)	1023	34.1						
PIVOT	2261	75.3						
FS1 (0.5)	1726	57.5						
FS2 (0.618)	1421	47.3						
FS3 (1.000)	721	24.0						
FS4 (1.382)	363	12.1						

　確率的には、下方向（売り）のトレードのほうが有利のようですので、売りの指値オーダーを検討してみたいと思います。

　各ポイントへの到達率は、FR1が34.1％、FR2が27.9％、FR3が13.6％となっています。

　今回は浅めのFR1での売りを狙ってエントリーの指値オーダーを置いてみたいと思います。

　次に損切りオーダーのポイントですが、FR3が13.6％ですので、少し深いですがここに損切りのストップオーダーを置いてみます。

　最後に利食いオーダーですが、ピボット値が75.3％、FS1が57.5％、FS2が47.3％、FS3が24.0％となっており、今回はFS2まで利食いを伸ばしてオーダーを置いてみましょう。

　以上をまとめると、FR1（エントリー）、FR3（損切り）、FS2（利食い）で、

●売り注文

エントリー	損切り	利食い①
FR1	FR3	FS2
91.79	92.24	90.80

のようなオーダーを指値注文（イフダンオー・シー・オー）で行ないます。

　この場合、計算上の損失は45pt（92.24－91.79）、利益は99pt（91.79－90.80）となります。

ショートエントリーの場合（FS2エントリー→FS3ストップロス→PIVOT利食いの場合）

PIVOTO値	価格	到達率	値幅(PIPS)		利益(PIPS)	損失(PIPS)
FR4	92.58	6.1				
			34			
FR3	92.24	13.6		ストップロス		45
			34			
FR2	91.9	27.9				
			11			
FR1	91.79	34.1		エントリー		
			44			
PIVOT	91.35	75.3				
			45			
FS1	90.9	57.5				
			10			
FS2	90.8	47.3		利食い	99	
			34			
FS3	90.46	24				
			34			
FS4	90.12	12.1				

　また、リスク・リターン比（利益と損失の比率）は45：99で1：2.2となります。

※いずれもスプレッド等を加味していません。実際の注文では取引するFX会社のスプレッド等を加味して注文を入れることになりますので注意してください。

　以上がフィボナッチPIVOTを使った確率的アプローチによる「指値注文の基本形」となります。

Lesson 2
エントリー法の例外
（ピボット値とマルチロット）

✓相場の勢いが強いときは「ピボット値」を使う

基本的なエントリー方法として買いの場合は、

FS1、FS2、FS3

の3つのピボット・ポイントを使い、売りのエントリーポイントとしては、

FR1、FR2、FR3

を使うと書きましたが、相場の勢いが強いときには、イレギュラーなエントリーポイントとして「ピボット値（P）」を使うことを検討します。

たとえば「前日が陽線＋前々日も陽線」の場合のエントリーで、上方向のトレンドが強い場合です。

ここでは2008年4月の豪ドル円のデータを例にPIVOTトレードを考えてみましょう。

始値	高値	安値	終値
95.68	96.24	95.27	96.16

この4本値からフィボナッチPIVOTにおけるピボット・ポイントは、下表のように算出されます。

FR4	FR3	FR2	FR1	PIVOT	FS1	FS2	FS3	FS4
97.23	96.86	96.49	96.38	95.89	95.41	95.29	94.92	94.55

それでは、算出されたピボット・ポイントを元に指値オーダーを入れてみましょう。

前日の終値96.16が始値95.68より高いため、「陽線」となり、また前々日も終値が95.69で始値94.33より高かったため、「陽線」となっていました。

今回は豪ドル円の前日「陽線」＋前々日「陽線」の場合のピボット・ポイントの到達率のデータを確認してみましょう。

豪ドル円／daily			0	20	40	60	80	100
total	312	%						
FR4 (1.382)	23	7.4						
FR3 (1.000)	61	19.6						
FR2 (0.618)	152	48.7						
FR1 (0.5)	187	59.9						
PIVOT	243	77.9						
FS1 (0.5)	99	31.7						
FS2 (0.618)	76	24.4						
FS3 (1.000)	43	13.8						
FS4 (1.382)	16	5.1						

ご覧のように、豪ドル円の「前日陽線＋前々日陽線」の組み合わせは、確率的にはかなり上方向（買い）のトレードのほうが有利のようです。

各ピボット・ポイントへの到達率は、ピボット値が77.9％、FS1が31.7％、FS2が24.4％となっており、今回は、積極的にピボット値での買いの指値オーダーを検討してみます。

次に損切りオーダーのポイントですが、FS2が24.4%ですのでここに損切りのオーダーを置きます。

最後に利食いオーダーですが、FR1が59.9%、FR2が48.7%、FR3が19.6%となっておりますので、今回は相場の勢いを重視してFR2に利食いオーダーを置いてみましょう。

以上をまとめると、ピボット値（エントリー）、FS2（損切り）、FR3（利食い）で、

●買い注文

エントリー	損切り	利食い①
PIVOT	FS2	FR2
95.89	95.29	96.49

のようなオーダーを指値注文（イフダンオー・シー・オー）で行ないます。

この場合、計算上の損失は60pt（95.89 − 95.29）、利益は60pt（96.49 − 95.89）となります。

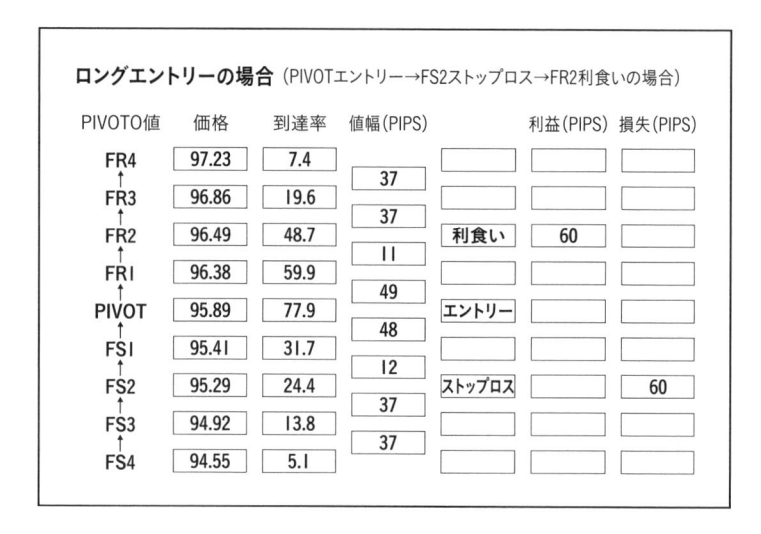

ロングエントリーの場合 (PIVOTエントリー→FS2ストップロス→FR2利食いの場合)

PIVOTO値	価格	到達率	値幅(PIPS)		利益(PIPS)	損失(PIPS)
FR4	97.23	7.4				
↑			37			
FR3	96.86	19.6				
↑			37			
FR2	96.49	48.7		利食い	60	
↑			11			
FR1	96.38	59.9				
↑			49			
PIVOT	95.89	77.9		エントリー		
↑			48			
FS1	95.41	31.7				
↑			12			
FS2	95.29	24.4		ストップロス		60
↑			37			
FS3	94.92	13.8				
↑			37			
FS4	94.55	5.1				

また、リスク・リターン比（利益と損失の比率）は60：60で1：1となります。

※いずれもスプレッド等を加味していません。実際の注文では取引するFX会社のスプレッド等を加味して注文を入れることになりますので注意してください。

✓マルチロットの場合はエグジットを分散

　ここまで、ピボット・ポイントを使った具体的なエントリーの方法を説明してきましたが、実際のトレードではさらに利を伸ばすトレード手法があります。

　これはPIVOTトレードにかかわらず通用するものですが、マルチロット（複数ロット）でのエントリーを行ない、利食いポイントを分散することにより、損失リスクをコントロールしつつ利を伸ばす手法です。

　102ページの買いオーダーの例で、マルチロットでのエントリーの方法を解説してみたいと思います。

　下が102ページの買いオーダーのデータです。

始値	高値	安値	終値
90.25	91.24	90.23	91.14

　この4本値から求めたフィボナッチピボット値は、

FR4	FR3	FR2	FR1	PIVOT	FS1	FS2	FS3	FS4
92.27	91.88	91.49	91.38	90.87	90.37	90.25	89.86	89.47

のように算出されます。

103ページで使ったピボット・ポイントへの到達率のデータです。

6通貨計／daily			
total	3135	%	0　　20　　40　　60　　80　　100
FR4(1.382)	283	9.0	
FR3(1.000)	622	19.8	
FR2(0.618)	1414	45.1	
FR1(0.5)	1776	56.7	
PIVOT	2367	75.5	
FS1(0.5)	1011	32.2	
FS2(0.618)	799	25.5	
FS3(1.000)	409	13.0	
FS4(1.382)	201	6.4	

　FS1が32.2％、FS2が25.5％、FS3が13.0％という到達率を元に、エントリーポイントはFS2とし、ここに指値オーダーを入れました。

　今回のマルチロットでのエントリーの場合は、ここに2ロットの買い指値オーダーを置くことになります。

　次に損切りオーダーのポイントですが、FS3（到達率13.0％）で変更なく、2ロット分ともここに損切りのストップオーダーを置きます。

　最後に利食いオーダーですが、先ほどはピボット値に利食いオーダーを置きましたが、今回は1ロットはそのままピボット値に置き、残りの1ロットはもう一段上のFR1（56.7％）に置くことにします。

　以上をまとめると、一つ目のオーダーは、FS2（エントリー）、FS3（損切り）、ピボット値（利食い）で、もう一つのオーダーはFS2（エントリー）、FS3（損切り）、FR1（利食い）となります。

　このようなオーダーを指値注文（イフダンオー・シー・オー）で行ないます。

●買い注文

エントリー	損切り	利食い①	利食い②
FS2	FS3	PIVOT	FR1
90.25	89.96	90.87	91.38

ロングエントリーの場合（FS2エントリー→FS3ストップロス→PIVOTとFR1利食いの場合）

PIVOT値	価格	到達率	値幅(PIPS)		利益(PIPS)	損失(PIPS)
FR4	92.27	9				
FR3	91.88	19.8	39			
FR2	91.49	45.1	39			
FR1	91.38	56.7	11	利食い②	113	
PIVOT	90.87	75.5	51	利食い①	62	
FS1	90.37	32.2	50			
FS2	90.25	25.5	12	エントリー		
FS3	89.86	13	39	ストップロス		39
FS4	89.47	6.4	39			

さて、マルチロットの場合は、オーダーが約定したあとのポジション管理が必要になってきます。

具体的には、90.25のFS2でオーダーが約定してポジションができた後、予想どおりFS3（到達率13.0％）のストップロスがつくことなく、利食いポイント①のピボット値に到達したなら、

1ロット目のポジションが決済された後に、残り1ロットの損切りオーダーをエントリーポイントのFS2まで移動

します。これで、リスクフリー（損失なし）のポジションとなります。あとは、利食い②のポイントであるFR1を狙う

こととなります。
　この利食い方法は「利を伸ばす」というトレードにおいて最もむずかしい（心理的に）課題を克服するうえでも効果的なアプローチとなります。裁量トレードでも応用することができるので、活用していただければと思います。

PART 4
PIVOTトレードの応用
——「ゾーン」を活用したエントリーとエグジット

Lesson 1
「フィボナッチPIVOTゾーン」とは何か?

✓ 強い抵抗帯と強い支持帯

　PART 3では、フィボナッチPIVOTを使った基本的なエントリー、すなわち指値を使う方法について説明しました。

　PART 4では、週足フィボナッチPIVOTにおける「ゾーンを使ったスイングトレード」、日足フィボナッチPIVOTにおける「ゾーンを使ったデイトレード」での、指値ではないエントリーとエグジットについて解説していきます。

　前半は、しろふくろうの得意なタイムスパンであるスイングトレードの例を取り上げていますが、フィボナッチというのはどのタイムスパンでも使えるものです。したがって、デイトレードにおいてもまったく同じ考え方でOKです。

　なお、指値ではないエントリーにおいても確率的アプローチが基本となっていますので、もしわかりづらいところがありましたら、随時、PART 2に戻ってご確認いただけると、より理解が深まると思います。

　まずはPART 1で計算方法を解説したフィボナッチPIVOTを振り返ってみましょう。

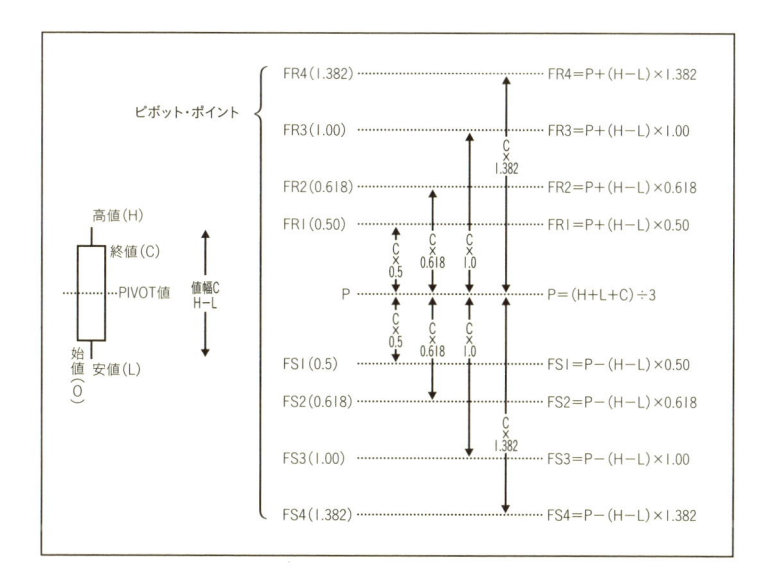

```
                                    FR4=P+(H−L)×1.382
      FR4(1.382)
ピボット・ポイント
      FR3(1.00)                     FR3=P+(H−L)×1.00
                         C×
                        1.382
      FR2(0.618)                    FR2=P+(H−L)×0.618

高値(H)
      FR1(0.50)                     FR1=P+(H−L)×0.50
終値(C)              C× C× C×
                    0.5 0.618 1.0
      PIVOT値  値幅C
              H−L
         P                          P=(H+L+C)÷3
始値                 C× C× C×
(O) 安値(L)          0.5 0.618 1.0
      FS1(0.5)                      FS1=P−(H−L)×0.50

      FS2(0.618)                    FS2=P−(H−L)×0.618
                         C×
                        1.382
      FS3(1.00)                     FS3=P−(H−L)×1.00

      FS4(1.382)                    FS4=P−(H−L)×1.382
```

フィボナッチPIVOTは、前日の高値、安値、終値の平均値であるピボット値に、前日の値幅（高値−安値）に0.5、0.618、1.0、1.382のフィボナッチ比率をかけた値を加減したものです。

各ピボット・ポイントの位置関係は上記のようになりますが、実はこのなかで、「FR1とFR2のあいだ」と「FR3とFR4のあいだ」が強い抵抗帯（レジスタンス）に、そして「FS1とFS2のあいだ」と「FS3とFS4のあいだ」が強い支持帯（サポート）になります。そして、エントリーにおいて強い抵抗帯は「戻り売り」、強い支持帯は「押し目買い」の重要なポイントとなるほか、利食いポイントとしても活用できます。

あるいは、この「抵抗帯」「支持帯」を抜けるとプライスが大きく動くことが多いため、「ブレイクアウトを狙った順張りのポイントになる」という考え方もあります。

✓ゾーンの強さは「確率分布」が決める

下の図は、「抵抗帯」「支持帯」をわかりやすく示したものです。

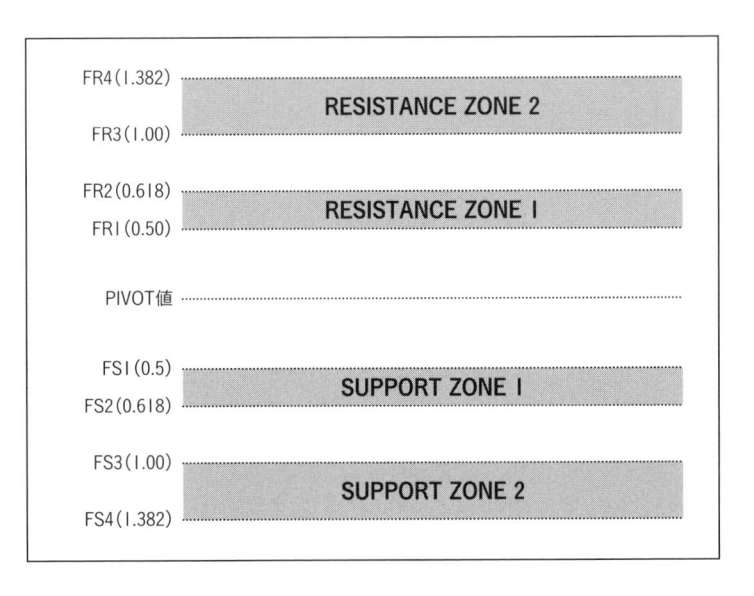

```
FR4(1.382) ......
                  RESISTANCE ZONE 2
FR3(1.00)  ......

FR2(0.618) ......
                  RESISTANCE ZONE 1
FR1(0.50)  ......

PIVOT値    ......

FS1(0.5)   ......
                  SUPPORT ZONE 1
FS2(0.618) ......

FS3(1.00)  ......
                  SUPPORT ZONE 2
FS4(1.382) ......
```

これから先、「FR1とFR2のあいだの抵抗帯」を「RESISTANCE ZONE1」(レジスタンスゾーン1)、「FR3とFR4のあいだの抵抗帯」を「RESISTANCE ZONE2」(レジスタンスゾーン2)、そして「FS1とFS2のあいだの支持帯」を「SUPPORT ZONE1」(サポートゾーン1)、「FS3とFS4のあいだの支持帯」を「SUPPORT ZONE2」(サポートゾーン2)と表記していきますので、位置関係を覚えておいてください。

また、このゾーンの抵抗帯、支持帯としての強さは、PART 2で解説した確率表にある各ピボット・ポイントへの到達率(確率分布)を参考にしていきます。

抵抗帯、支持帯の一つ目の活用法は、トレンド方向へのエ

ントリーの際に「戻り売り」、「押し目買い」のエントリーポイント、利食いポイントとして活用する方法です。

たとえば、相場が上昇トレンドのとき、ピボット値とFS1のあいだでSUPPORT ZONE1を支持帯として買いエントリーを行ない、RESISTANCE ZONE1に到達したら利食いを行なうといったものです。

もう一つの活用法は、この抵抗帯、支持帯を抜けたときに、抜けた方向に順張りで買いや売りのエントリーを行なう方法です。

たとえば、プライスがピボット値より上で強気で推移している際に、RESISTANCE ZONE1を上抜けたタイミングで買いのエントリーを行ない、RESISTANCE ZONE2に到達したら利食いを行なうといったものです。

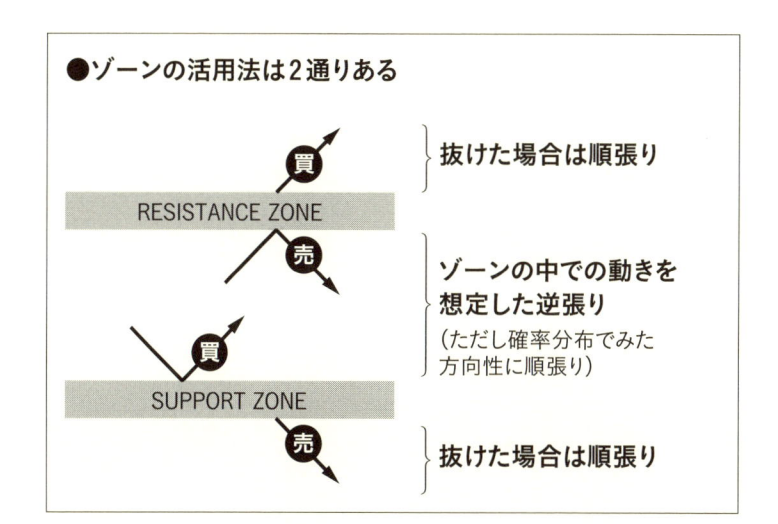

●ゾーンの活用法は2通りある

RESISTANCE ZONE	買↗	抜けた場合は順張り
	売↘	ゾーンの中での動きを想定した逆張り （ただし確率分布でみた方向性に順張り）
SUPPORT ZONE	買↗	
	売↘	抜けた場合は順張り

トレードのタイムスパンについては、しろふくろうの場合は、「週足フィボナッチPIVOTゾーンと1時間足（または4時間足）チャート」を使ってのスイングトレードを行なうこと

が多いのですが、まったく同じアプローチで「日足フィボナッチPIVOTゾーンと1時間以下のチャート」を使ってのデイトレードを行なうというのも非常に有効です。

　以下では具体的なチャートを使いながら、フィボナッチPIVOTゾーンを使ったトレード方法を解説していきます。

Lesson 2
「ゾーン」を活用したトレードの具体的なエントリーの実例

✓ 逆張りエントリー──抵抗帯としての活用法

まずは、週足フィボナッチPIVOTゾーンを使った逆張りでのエントリー方法です。

チャートは2010年7月12日の週のドル円の1時間足です。

ドル円はAの部分で反発したあと、89円付近のBの部分でダブルトップを形成し、88円のサポートを割れて急落することになるのですが、いまからトレードを組み立てていくのは☆の時点です(それより右側のチャートはまだ描かれていない

と考えてください)。

この☆の時点では「前週が陽線で前々週が陰線」のパターンでしたので、このパターンの確率分布を参考に、☆の時点以降のトレードを組み立ててみたいと思います。

ドル円／weekly			0	20	40	60	80	100
total	138	%						
FR4(1.382)	9	6.5						
FR3(1.000)	27	19.6						
FR2(0.618)	65	47.1						
FR1(0.5)	79	57.2						
PIVOT	102	73.9						
FS1(0.5)	42	30.4						
FS2(0.618)	36	26.1						
FS3(1.000)	20	14.5						
FS4(1.382)	10	7.2						

先ほどのチャート上に、☆の時点でのフォボナッチPIVOTゾーンを描いてみます (前週の高値、安値、終値を元に☆の時点で描くことができます)。

このフィボナッチPIVOTゾーンに、その後のチャートを

重ねてみると、結果としてこの週の高値は、週足フィボナッチPIVOTのFR2でピッタリ止まりました。ちなみにこのケースでのFR2は47.1％の到達率です。

その後、週足フィボナッチPIVOTのピボット値まで下げた後、再度上昇しましたが、RESISTANCE ZONE1でもみ合った後、下げに転じています。

エントリーのタイミングとしては、最初にRESISTANCE ZONE1で止まったタイミングと、2回目に超えられなかったタイミングがありますが、より安全なエントリーは直近高値を超えられずに下落した2回目のタイミングとなります。

その後、直近安値でもあるピボット値を下抜けて下げが加速し、一気に利食いポイントであるSUPPORT ZONE1に到達しました。ちなみに、このケースでのFS1への到達率は30.4％となっています。

そして今回は相場の勢いが強かったため、SUPPORT ZONE1でもみ合った後、さらに一段の下げとなり、SUPPORT ZONE2まで下落して週の相場が終わっています。

このケースでのFS3への到達率は14.5％ほどですので、今回の相場では本来想定されるよりもかなり下落の勢いが加速したといえそうです。

以上のトレードをまとめると、今回は1週間のなかで4回のエントリーチャンスがありました。

①最初のRESISTANCE ZONE1での抵抗時
②2回目のRESISTANCE ZONE1での抵抗時
③週足のピボット値を下抜けて、Wトップが形成されたとき
④SUPPORT ZONE1でもみ合い後に下抜けたとき

一方、利食いポイントについては、

①ピボット値をつけたタイミング
②SUPPORT ZONE1に到達したタイミング
③SUPPORT ZONE2に到達したタイミング

があったことになります。

✓順張りエントリー──ブレイクポイントとしての活用法

次に、フィボナッチPIVOTゾーンをブレイクポイントとして使う順張りでのエントリー方法について説明します。

チャートは2010年7月12日の週のユーロドルの1時間足です。

このチャートに週足フィボナッチPIVOTゾーンを当てはめて、☆の時点でのトレードを組み立ててみたいと思います（それより右側のチャートはまだ描かれていないと考えてください）。

最初にユーロドルの週足の方向感を確認してみましょう。

この☆の時点では「前週が陽線で前々週が陽線」のパターンでしたので、このパターンの確率分布を参考に、☆の時点

以降のトレードを組み立ててみたいと思います。

ユーロドル／ weekly			0　　20　　40　　60　　80　　100
total	153	%	
FR4(1.382)	20	13.1	
FR3(1.000)	47	30.7	
FR2(0.618)	88	57.5	
FR1(0.5)	102	66.7	
PIVOT	112	73.2	
FS1(0.5)	41	26.8	
FS2(0.618)	35	22.9	
FS3(1.000)	17	11.1	
FS4(1.382)	8	5.2	

かなり上方向に勢いがあるようですから、ユーロドルロングの基本戦略でトレードを組み立てました。

次に先ほどのチャート上に、☆の時点でのフィボナッチPIVOTゾーンを描いてみます（前週の高値、安値、終値を元に☆の時点で描くことができます）。

このフィボナッチPIVOTゾーンに、その後のチャートを重ねてみると、週初ユーロドルはAのピボット値の上でオー

プンしましたが、軟調な流れでピボット値を下抜けた後、ピボット値が抵抗線となる動きを描き、そのまま下で推移しました。

2度目のピボット値トライで上抜けた後、一気にRESISTANCE ZONE1まで上昇しています。

その後は、RESISTANCE ZONE1が抵抗帯として機能してなかなか超えられずにいましたが、もみ合いの後にRESISTANCE ZONE1を上抜けて、一気にRESISTANCE ZONE2の上限まで達しました。

このケースでのウイークリーピボット値への到達率は73.2％で、その下のFS1が26.8％とかなり低い確率でしたが、FS1をつけることなく相場が反発しているのが確認できます。

またその上の利食いポイントとしてはFR1が66.7％、FR2が57.5％、そしてFR3が30.7％とかなり高い確率となっています。

結果として、確率分布どおりに相場（チャート）が進行した形となりました。

また前週が「NR7」（ナローレンジセブン＝値幅の収縮が進み、拡大の予兆と考えられる動き）という小幅な値動きであったため、前週高値と重なるRESISTANCE ZONE1が重要なブレイクポイントなり、このもみ合いを抜けて上昇が加速しています。

以上のトレードをまとめると、今回は1週間のなかで2回のエントリーチャンスがありました。

①週足のピボット値を2度目に上抜けたときに買い
②RESISTANCE ZONE1のもみ合いを上抜けたタイミング

一方、利食いポイントについては、
①RESISTANCE ZONE1に到達したタイミング

②**RESISTANCE ZONE2に到達したタイミング**

があったことになります。

✓順張りエントリー──デイトレードの例

　先ほどは、週足フィボナッチPIVOTゾーンを使ったスイングトレードを取り上げましたが、日足フィボナッチPIVOTゾーンを使ったデイトレードも、同様のアプローチがうまくいきます。

　チャートは2010年5月16日の豪ドル円の30分足です。

　このチャートに日足フィボナッチPIVOTゾーンを当てはめて、☆の時点におけるトレードを組み立ててみたいと思います（それより右側のチャートはまだ描かれていないと考えてください）。

　☆の時点での豪ドル円の日足のトレンドですが、「前日が陰線で前々日が陰線」のパターンとなっていました。このパターンの確率分布を参考に、☆の時点以降のトレードを組み

立ててみたいと思います。

豪ドル円／ daily			0	20	40	60	80	100
total	192	%						
FR4(1.382)	7	3.6						
FR3(1.000)	22	11.5						
FR2(0.618)	48	25.0						
FR1(0.5)	62	32.3						
PIVOT	144	75.0						
FS1(0.5)	102	53.1						
FS2(0.618)	87	45.3						
FS3(1.000)	51	26.6						
FS4(1.382)	31	16.1						

かなり下方向の勢いが強いことが確認できます。したがって、豪ドル円ショートの基本戦略でトレードを組み立てることにします。

次に先ほどのチャート上に、☆の時点でのフィボナッチPIVOTゾーンを描いてみましょう（前日の高値、安値、終値を元に☆の時点で描くことができます）。

このフィボナッチPIVOTゾーンに、その後のチャートを

重ねてみると、この日豪ドル円はAの日足のピボット値付近でオープンしましたが、東京タイムでのもみ合い後、ピボット値を超えることなく下落し、FS1に到達しました。この場合のFS1の到達率は53.1％となっています。

PART 2に戻って確率分布のデータを比較してみるとわかりますが、検証した6通貨のなかで、豪ドル円はもっともトレンドが強く出る傾向があります。

今回も「前日陰線＋前々日陰線」の組み合わせでは、FR4をつける確率はわずか1ケタの％になっており、確率的にはなかり下方向への動きが強いと予測できました。

その後、FS1で跳ね返されていったんピボット値に向けて上昇しますが戻りは弱く、再度反落してFS1とFS2のあいだのSUPPORT ZONE1を下抜けて急落しています。

その後、チャートは、FS3（到達率26.6％）をつけた後、もみ合ってその日の終値を迎えました。

以上のトレードをまとめると、今回は1日のなかで3回のエントリーチャンスがありました。

①この日は確率的に売り優先なので、デイリーピボット値を超えられなかったタイミングでの売りエントリー
②FS1を2度試したあと上昇し、直近の高値を超えられずに下落したタイミング
③SUPPORT ZONE1を下抜けたタイミング

一方、利食いポイントについては、

①SUPPORT ZONE1に到達したタイミング
②2度目のエントリーでSUPPORT ZONE1に到達したタイミング

③SUPPORT ZONE2に到達したタイミング

があったことになります。

✓フィボナッチリトレイスメントとゾーンの併用

　前項で、デイトレードでエントリーした豪ドル円チャートを4時間足にして、少し拡大して確認してみましょう。

　豪ドル円はAの72円台からBの78円台までの上昇の後、3営業日連続で下落しました。

　このチャートにA－Bの直近の上昇に対しての「フィボナッチリトレイスメント」を引いてみました。

　フィボナッチリトレイスメントは、フィボナッチ比率を使って相場の押し目、戻りを確認する方法です。

　0.236、0.382、0.5、0.618、0.786の比率を使いますが、一般的には0.382、0.5、0.618が多く使われます。

※本書で使用しているのはメタトレーダーの画面ですが、フィボナッチリトレイスメントなどフィボナッチツールの使用法に関しては前著『しろふくろうのメタトレーダーで儲けるスーパー投資術』にて詳しく解説しています。よろしければご参照ください。

先ほどのチャートに、フィボナッチリトレイスメントを表示したところです。

今回75円付近は72.67－78.83の上昇に対しての61.8％ラインとSUPPORT ZONE2の重なるチャートポイントとなっていることが確認できます。

チャートを中心としたトレードを行なっていると、ふとチャートが反転したり加速したりしたときに、ピボット・ポイントを含めていろいろなチャートポイントが隠れているのに気づくことがよくあるものです。

自分のトレードする時間軸だけではなく、さらに上の時間軸でのチャートポイントなどを事前確認することで勝率をさらに高めることが可能です。

以上でフィボナッチPIVOTを活用したトレードの解説は

終了です。

　PART 3の指値を使ったエントリー、そしてここで解説しているフィボナッチPIVOTゾーンを使ったエントリーとも、基本的な考え方は「確率的アプローチ」を使い、いかにトレンドの方向を見つけることがポイントとなります。

　また、具体的なエントリー、エグジット（利食い、損切り）のポイントについても、「確率的アプローチ」を活用してトレードの成功率を高めることが可能になることがわかったと思います。

　みなさんも、ぜひともこの「確率的アプローチ」を日々のトレードに活用してみてください。

PART 5
PIVOTを用いた秘伝のテクニカル「トレンドステップ」の活用法

Lesson 1

ピボット値は
ブル・ベアの
分水嶺となっている

✓ピボット値は重要な意味をもっている

　ここまでPIVOTトレードの魅力をいろいろとお伝えしてきましたが、PART 5ではピボット値を応用した秘伝のチャートシステムをご紹介したいと思います。

　ピボット値は別名「バランスポイント」とも呼ばれることがあり、その言葉のとおり「売り買いの強弱の均衡点」としてとらえることができます。

　わかりやすく表現すると、ピボット値よりプライスが上の場合は相場が強い（ブル）と判断し、逆にピボット値よりプライスが下の場合は相場が弱い（ベア）と判断します。

　実際にチャート上で確認してみましょう。

　チャートはドル円の4時間足に、日足のピボット値をプロットしたものです。

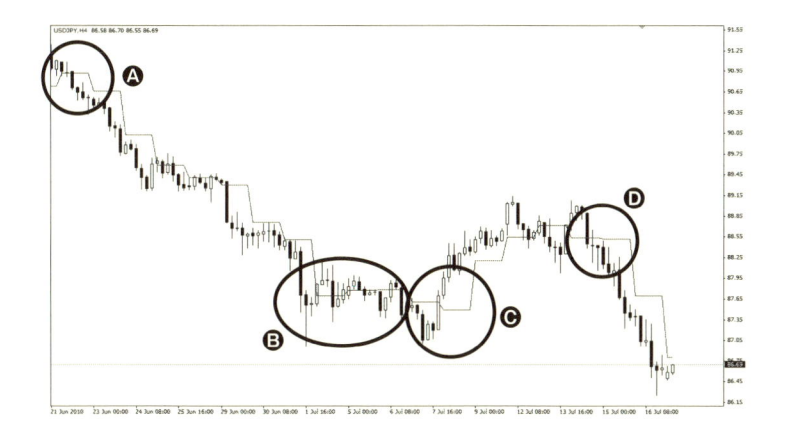

チャートをご覧いただくと、プライスがピボット値より下にあるときはピボット値がレジスタンス（抵抗）として働き、プライスがピボット値より上にあるときはサポート（支持）として機能していることがわかります。

　Aの○の部分でピボット値を下抜けた後、下げトレンドが発生しています。

　その後Bの○の部分でモミアイとなった後、Cの○の部分ピボット値を上抜けて強気転換しました。

　しかしながら、再度Dの○の部分でピボット値を下抜けて売りが加速しています。

　このように、もっともシンプルなピボット値の活用法は、相場の強弱を確認するのに使うことです。

　次ページのチャートは、PART 4で例として取り上げたユーロドルの週足フィボナッチPIVOTゾーンのチャートです。

　このチャートでも、いったんピボット値より上にあったプライスがピボット値を下抜けた後、今度はピボット値がレジスタンスとなっていました。

　しかしその後ピボット値を上抜けると、一気に買いが加速しました。

シンプルですが、トレンドが明確なときは「ピボット値をエントリーポイントとして使う」というのが順張りでのトレードでは非常に有効です。

判断に迷ったときには、まずはPIVOTをブル・ベアの分水嶺として相場の強弱を判断するために活用することをお勧めします。

✓ピボット値の移動平均をつくってみる

先ほどのチャートはシンプルにピボット値をサポートやレジスタンスとして使う方法でしたが、しろふくろうはこれにもう一工夫加えてチャートを構築しています。

オリジナルのアイデアは、しろふくろうのテクニカルの師であり、テクニカル分析やシステムトレードで著名な山中康司さんから教えていただいた「ロバート・クラウスのトレイリングストップロス」の考え方がベースとなっています。

考え方としては、先ほどのピボット値を表示した階段状のチャートを、3期間のピボット値の移動平均に変えたものです。

ピボット値を3期間平均してスムージングすることにより、日々の値動きの影響を少なくしてダマシを減らすことができ、トレンドの判断をより容易にしています。

基本的な考え方は先ほどの「ピボット値とプライスの関係」と同じです。プライスがこの「PIVOT3期間移動平均値」より上にあれば強気（ブル）、下にあれば弱気（ベア）という判断になります。

非常にシンプルですが、ダマシも減ったために、トレンド発生時には収益を伸ばすことが可能です。

✓ピボット値を使ってトレンドを判断できる

ズバリ！　しろふくろうは、ピボット値とPIVOT3期間移動平均の位置を使ってトレンドの判断を行なっています。

まずは、先ほどのPIVOT3期間平均のチャートにピボット値を重ねたものをご覧ください（次ページ）。

細い実線がピボット値の線、そしてやや太い実線がPIVOT3期間移動平均線となります。

矢印の部分をご覧ください。

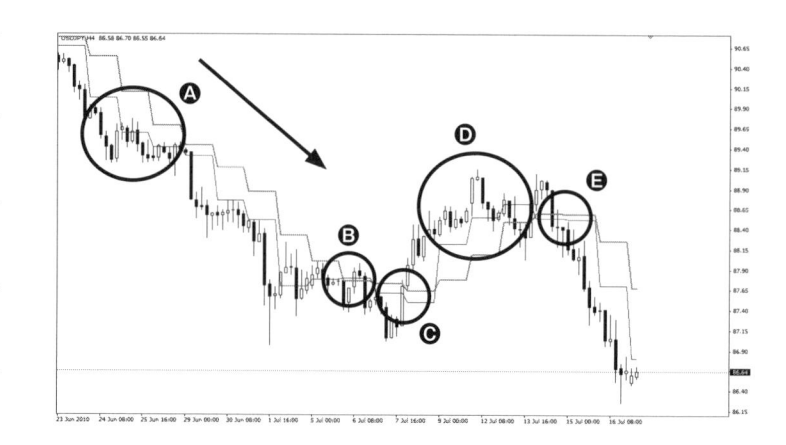

チャート上できれいに階段が右肩下りに継続していて、このような状態をトレンドが発生していると判断します。
　また、トレンドが継続しているときは、3期間移動平均の下（または上）に継続してピボット値があるのが確認できると思います。
　次にAの○で囲んだ部分をご覧いただきたいのですが、チャートが踊り場を形成してもみ合っています。
　このとき、たとえばピボット値をブル・ベア転換点として、損利りポイントとしていた場合であれば、プライスがピボット値にクロスしていますから、ポジションをスクエアにする必要があります。
　しかし、PIVOT3期間平均をストップロスとしてトレーリングしていたならば、まだこの場面では損切りをすることなくポジションを保有することが可能です。
　最終的にはBの○の部分でローソク足がPIVOT3期間平均の上で引けるまでストップロスにかかることなくショートポジションを保有することができます。
　その後、C部分でプライスがPIVOT3期間平均の上に出て強気転換となります。しかしながら、このタイミングではピ

ボット値が3期間平均の下にありますから、まだ買いの条件は整っていないとの判断です。

その翌日にPIVOT3期間移動平均の上にピボット値が位置し、買いの条件が整います。

しかしながらDの部分でモミアイとなり、再度プライスが3期間平均線を下回りスクエアとなります。

そしてEの○の部分で3期間平均＞ピボット値の状態でプライスが3期間平均、ピボット値を下抜けてショートエントリーの条件がそろいます。

その後は3期間移動平均をストップのポイントとしてトレイリングしながらポジションを保有する――というのがPIVOT3期間移動平均を使ったトレード手法になります。

Lesson 2
ピボット値を活かしたテクニカル指標「トレンドステップ」

✓ ロバート・クラウスの手法がベース

　次に紹介する「トレンドステップ」は、やはりピボット値の移動平均を活用したテクニカル指標です。2006年12月に、山中康司さんのセミナーに参加した際に聞いたストップロス（損切り）注文の考え方として聞いた内容をベースにしろふくろうがアレンジしたものです。

　ベースとなるのはロバート・クラウスの「バランス・ステップ」と「フリップ・イット」という手法で、トレンドステップはその2つを同時にチャート上に引いたものです。

　トレンドステップは非常にシンプルですが、ノイズの多い相場の値動きのトレンドをハッキリ見せてくれるもっとも信頼できる羅針盤となっています（しろふくろうはトレンドステップとフィボナッチPIVOTゾーン、それに他のテクニカル指標、たとえば前著『FXメタトレーダーで儲けるしろふくろうのスーパー投資術』で解説したCCIなどを組み合わせて使っています）。

　なお、トレンドステップはたんなるテクニカル指標ではなく、取引戦略までを含めたシステムとなります。いかにすぐれたテクニカル指標があっても、それを最大限に活用する具体的な取引戦略がなければ収益に結びつきません。そのあた

りについても後述しますので、ぜひとも活用してみてください。

最初に、トレンドステップのしくみについて解説し、その後に具体的なエントリーとエグジットのルール（取引戦略）について説明していきます。

先ほど書きましたように、トレンドステップはロバート・クラウスのバランス・ステップとフリップ・イットという2つの手法の考え方を組み合わせたものです。

まずはこの2つの手法について確認してみましょう。

バランス・ステップは、

- **過去n期間のPIVOT値の単純移動平均をザラバ（または終値）で抜けたらストップアウトする**

というものです。つまりバランス・ステップは損切りの手法で、先ほどのPIVOT3期間平均の考え方がまさしくこのバランス・ステップの一種となります。

n期間の考え方は、n＝2でも5でも個人のトレードスタイルに合わせることが可能です。

しろふくろうは、いろいろと検証した結果n＝3の移動平均で使用しています。

また、「バランス・ステップを抜けたとき」の判断についても、「ザラバ」で抜けたときなのか、「終値」で抜けたなのかでは大きく異なります。

しろふくろうの場合は、デイトレードでは「30分足または1時間足の終値で抜けたとき」という考え方を基本としています。

ただしこれも5分足などの短い足であれば、ザラバで抜けたときとしたほうが効率的かもしれませんので、試してみた

ほうがいいかもしれません。

　次に、フリップ・イットというのもやはり損切りの手法となります。これば、バランス・ステップで使用したピボット値の代わりに、同期間の「高値移動平均」と「安値移動平均」をチャート上に引いて、それを損切りポイントとするものです。

　つまり、

- 過去ｎ期間の高値の単純移動平均、または同期間の安値の単純移動平均をザラバ（または終値）で抜けたらストップアウトする

ということになります。これをチャート上にプロットすると次のようになります。

　2本の線を使うことにより、チャートの方向が見えやすくなっていると思います。

　また、フリップ・イットでは損切りのタイミングを、

- 売りの場合＝プライスが高値平均の上に抜けたとき
- 買いの場合＝プライスが安値平均の下に抜けたとき

と設定することにより、バランス・ステップに比べポジションをエグジットする頻度が減り、トレンド発生時はより長くポジションを保有することが可能になります。

　エグジットするルールに関しては、バランス・ステップと同じように終値を適用するかザラバを適用するかで大きく異なります。基本的には自分のフィーリングに合うやり方でよいと思いますが、たとえば「バランス・ステップはザラバ」、「フリップ・イットは終値」というようなやり方はしないほうがよいでしょう。

✓トレンドステップは3本のラインの組み合わせ

　ここまでの説明ですでに気づかれた方がいらっしゃるかもしれませんが、しろふくろうは、バランス・ステップとフリップ・イットを同時にチャート上に引いてトレンドの判断、エントリー、エグジットの判断を行なっています。

　そしてこの3本の線を組み合わせたテクニカル指標をトレンドステップと呼び、このトレンドステップと運用ルールを合わせて「トレンドステップチャートシステム」と呼んでいます。

　トレンドステップの構成は非常にシンプルです。

　3本のバンドの基本設定は下記のようになります。

- ハイライン（3期間の高値の平均をチャートにプロットしたもの）
- バランスライン（3期間のPIVOT値の平均をチャートにプロットしたもの）

・ローライン（3期間の安値の平均をチャートにプロットしたもの）

実際にトレンドステップをチャート上に表示してみましょう。

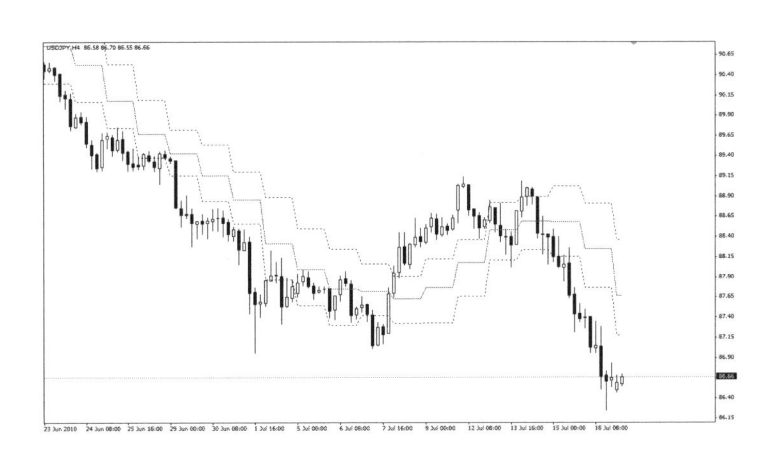

チャート上では、中央の実線が「バランスライン」、そしてその上に「ハイライン」、下に「ローライン」の3本の線が表示されています。

シンプルですが、3本の線がチャートの方向を示唆してくれているのがわかると思います。

トレンドステップチャートシステムではこの3本の線の傾きとプライスの位置関係でトレード戦略を構築していきます。

✓トレンドステップチャートシステムの運用法

バランス・ステップとフリップ・イットは損切りのポイントを示唆するシステムですが、しろふくろうはこの2つを検証しているうちに、まさしく「最高のエントリーシステム」であるということを確信しました。

つまり「最高のエグジットポイントこそ最高のエントリーポイント」であるという視点から、このストップロスシステムを使って、新しくトレードシステム＝トレンドステップチャートシステムとして構築したのです。

なお、トレンドステップチャートシステムは非常にシンプルなため、どのタイムフレームでも活用することができます。しろふくろうも実際のトレードでは、いろいろなタイムフレームに組み合わせた複数のバージョンを使い分けています。

トレンドステップチャートシステムには3つのバージョンがあります。

基本となる日足のH、L、Cのデータより導いた「デイリー」、週足のH、L、Cのデータより導いた「ウイークリー」、4時間足のH、L、Cのデータより導いた「4H」の3つです。この3つのバージョンを使い分けることにより、ポジショントレーダーからデイトレーダーまで、さまざまな取引スタイルに対応することができます。

トレンドステップチャートシステムの3つのバージョンの基本的な推奨時間軸は次のようになります。

- 4Hトレンドステップ…推奨時間軸＝5分～1時間足
- デイリートレンドステップ…推奨時間軸＝30分～4時間足
- ウイークリートレンドステップ…推奨時間軸＝日足

「トレンドは時間軸が長いほど長く続く」といわれますが、トレンドステップチャートも4時間足のトレンドより、日足のトレンド、そして日足より週足のトレンドと、上位のトレンドの方向にシンクロ（同調）させることによりトレードの勝率が向上します。

実際にドル円チャートにて確認してみましょう。

下の図は、ドル円の日足チャートにウイークリートレンドステップをプロットしたものです。

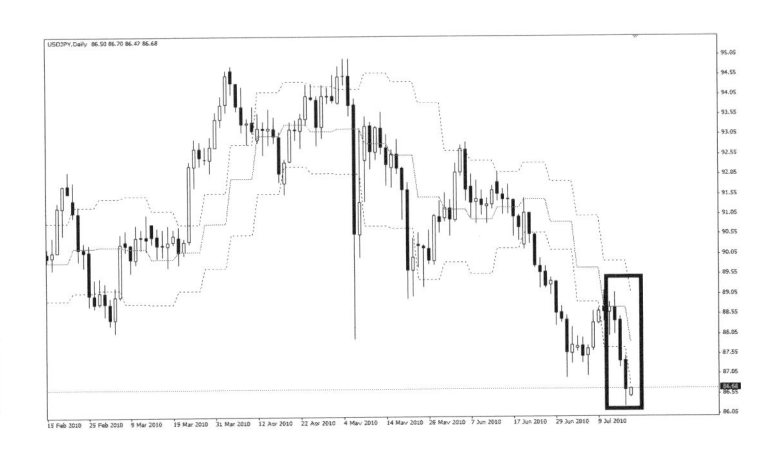

ウイークリートレンドステップは、トレンドが最も長く続くのでポジショントレードには最適なアプローチとなります。

毎週初めにウイークリートレンドステップの方向、バランスラインとプライスの位置関係を確認しておくことで、大きなトレンドを把握することができます。

バランスライン（真中のライン）より上側ではブル、下側ではベアと判断できますが、基本的にはトレンドステップの階段の方向をこれからチャートが進むトレンド方向と定義します。

次は、4時間足チャートとデイリートレンドステップの組み合わせです。

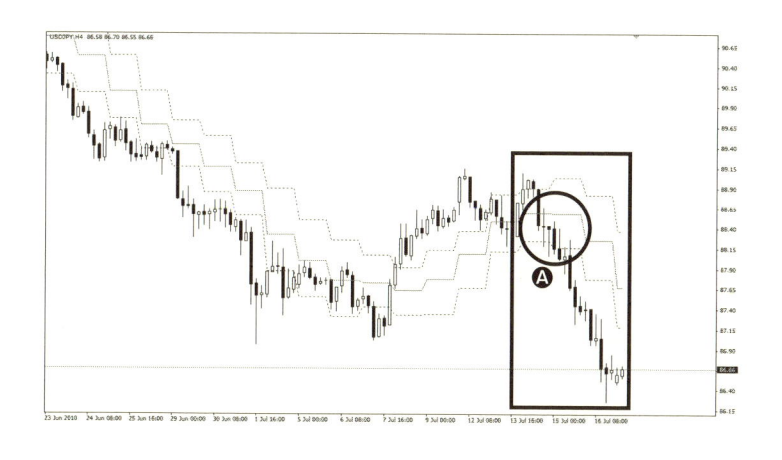

先ほどのウイークリートレンドステップチャートの四角で囲んだ部分をデイリーチャートで表すとこのようになっています。

　この2枚のチャートを見ると、トレンドステップの3本の線が下方向にシンクロ（同調）していることから現在のトレンドは、

・ウイークリートレンド…下降トレンド
・デイリートレンド…下降トレンド

と判断することができます。

　また、ウイークリートレンドステップの方向が下降トレンドですので、デイリートレンドステップが下降トレンドに転じたタイミングで売りエントリーを検討します。

　具体的には、チャートのAの○の部分で4時間足の終値がローラインを下抜けたタイミングが買い戦略から売り戦略への転換点となり、エントリーポイントとなります。

　最後に1時間足チャートと4Hトレンドステップの組み合わせを見てみましょう。

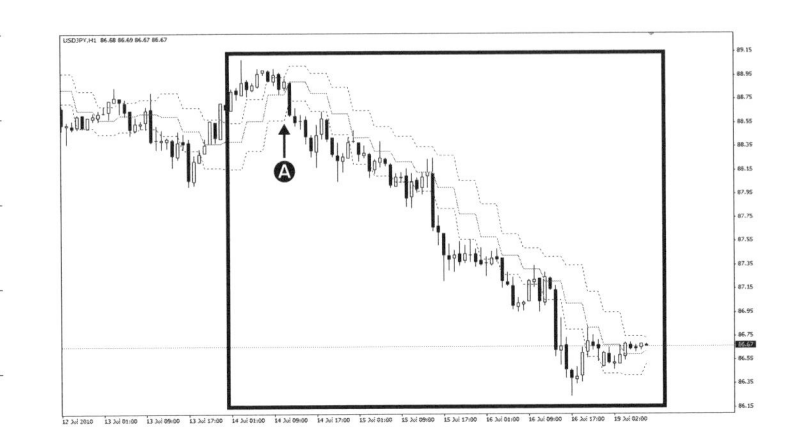

ウイークリートレンドステップとデイリートレンドステップの四角で囲んだ部分を4Hトレンドステップで確認してみましょう。

現在のトレンドの判断は、ウイークリートレンド…下降トレンド、デイリートレンド…下降トレンドですから、基本戦略として「4Hトレンドステップが下降トレンドに転換したタイミング」で売りエントリーを検討します。

具体的には、Aのローソク足で、1時間足チャートの終値が4Hトレンドステップのローラインを下抜けましたから、それまでの買いをエグジットして、ショートエントリーを検討します。

ここまでの説明でわかりますように、トレンドステップチャートシステムでは、「デイリートレンドステップの方向に4Hトレンドステップが一致」したときに、効果的なエントリーとなります。

またデイリートレンドステップのバランスラインより上側ではブル、下側ではベアトレンドと考え、4Hトレンドステップの方向に短期でエントリーすることにより、デイトレードモデルとして活用することも可能です。

4Hトレンドステップは短期トレードモデルですので、ウイークリートレンドステップとのシンクロはあまり重視しませんが、ウイークリー、デイリー、4Hのトレンドステップの方向が一致した場合、非常に効果的なエントリーとなります。

Lesson 3
トレンドステップでのトレンド判断とトレードの実例

✓ トレンド継続のパターン

　トレンドステップチャートシステムではハイライン、バランスライン、ローラインの階段の組み合わせからトレンドの判断を行ないます（右図）。

　この図の左側が上昇トレンドのパターン、そして右側が下降トレンドのパターンになります。

　このなかで、いちばん上の段が「シンクロ」（同調）」というパターンで、最もトレンドがはっきりしており、強い状態となります。

　トレンドステップチャートシステムで最も重視するのは、3本の線の真ん中のバランスラインの方向です。

　図の2段目はローラインまたはハイラインがバランスラインと違う方向に変化し、トレンドステップが「拡大」している状態となります。

　また3段目のパターンは、逆にハイラインまたはローラインがバランスラインと違う方向に変化し、トレンドステップが「収縮」している状態となります。

　いずれもトレンドが継続しているパターンではありますが、シンクロに比べてトレンドの勢いは弱く、モミアイや転換へ

●トレンド継続のパターン

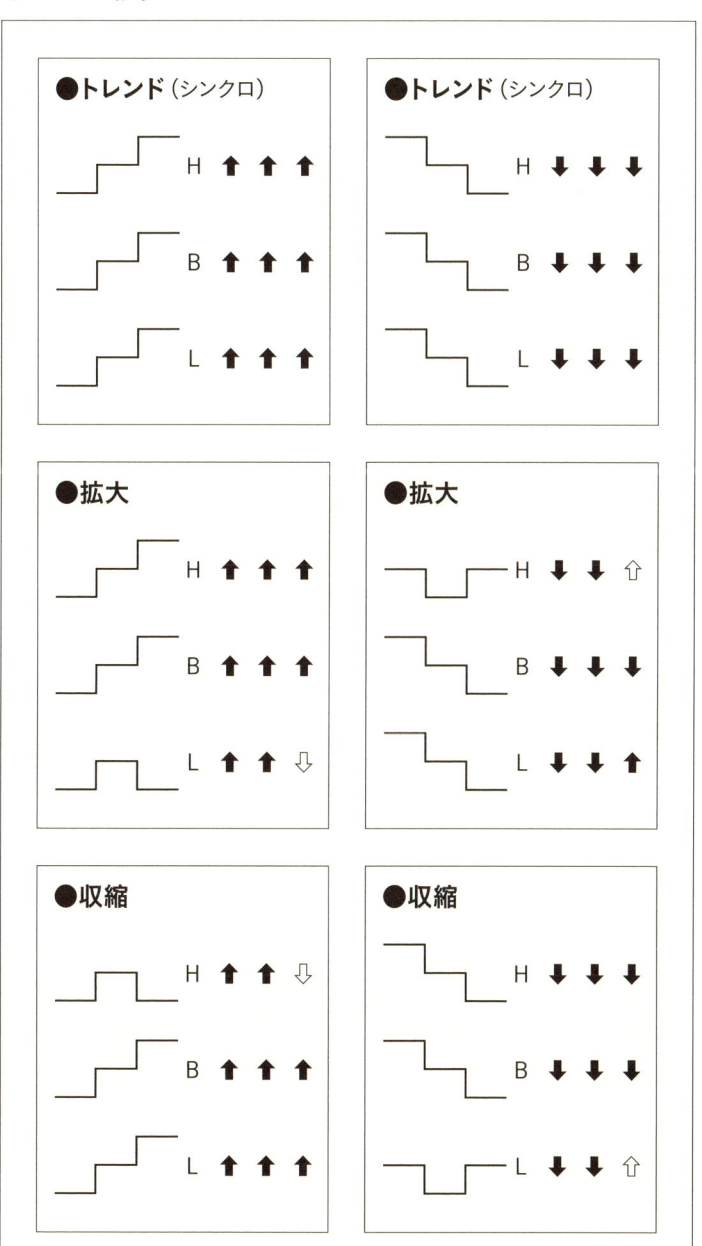

●トレンド（シンクロ）

H ↑ ↑ ↑
B ↑ ↑ ↑
L ↑ ↑ ↑

●トレンド（シンクロ）

H ↓ ↓ ↓
B ↓ ↓ ↓
L ↓ ↓ ↓

●拡大

H ↑ ↑ ↑
B ↑ ↑ ↑
L ↑ ↑ ⇩

●拡大

H ↓ ↓ ⇧
B ↓ ↓ ↓
L ↓ ↓ ↓

●収縮

H ↑ ↑ ⇩
B ↑ ↑ ↑
L ↑ ↑ ↑

●収縮

H ↓ ↓ ↓
B ↓ ↓ ↓
L ↓ ↓ ⇧

のサインとなることもありますので慎重にエントリーする必要があります。

✓トレンドの転換のパターン

　トレンドステップチャートシステムでは、トレンドの継続のほかに、ハイライン、バランスライン、ローラインの階段の組み合わせからトレンドの転換を知ることもできます（右図）。

　トレンドモードのときと同様、左側が上昇トレンド、右側が下降トレンドのパターンとなります。

　もっともわかりやすいのが、いちばん上の「シンクロ」（同調）パターンです。

　これまで上向き、または下向きにきれいに揃っていた階段が下向き、または上向きに揃って（シンクロして）方向を変えたときです。

　トレンドモードのときと同様、3本の線のなかで最も重視するのが真ん中の「バランスライン」の方向となります。

　2段目の「拡大」パターン、3段目の「収縮」パターンともにバランスラインの方向が変化していますが、ハイライン、ローラインの方向がまちまちで、トレンドモード同様、やはりシンクロパターンに比べると勢いは弱く、モミアイやダマシとなることもありますので慎重にエントリーする必要があります。

　それではいくつかのチャートで、トレンドステップチャートシステムのエントリーとエグジットの例を見てみましょう。

●トレンド転換のパターン

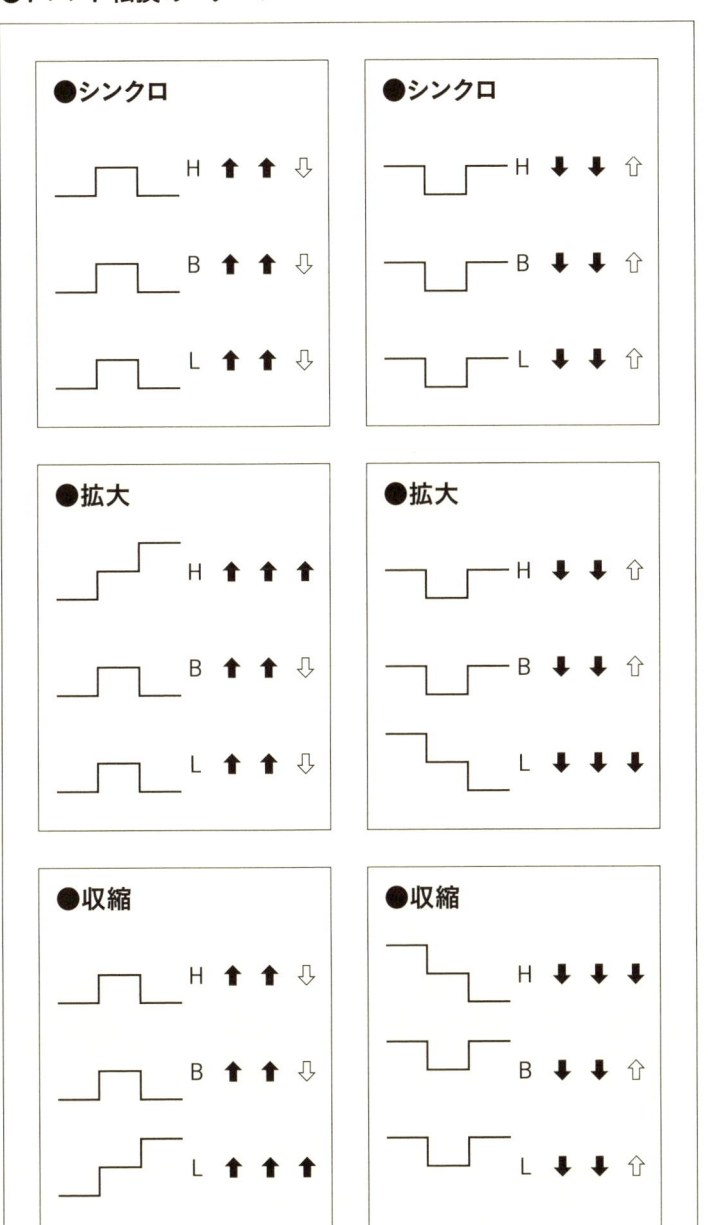

●シンクロ

H ↑ ↑ ⇩
B ↑ ↑ ⇩
L ↑ ↑ ⇩

●シンクロ

H ↓ ↓ ⇧
B ↓ ↓ ⇧
L ↓ ↓ ⇧

●拡大

H ↑ ↑ ↑
B ↑ ↑ ⇩
L ↑ ↑ ⇩

●拡大

H ↓ ↓ ⇧
B ↓ ↓ ⇧
L ↓ ↓ ↓

●収縮

H ↑ ↑ ⇩
B ↑ ↑ ⇩
L ↑ ↑ ↑

●収縮

H ↓ ↓ ↓
B ↓ ↓ ⇧
L ↓ ↓ ⇧

✓実例①── ウイークリートレンドステップ

　チャートはドル円の日足チャートとウイークリートレンドステップの組み合わせです。

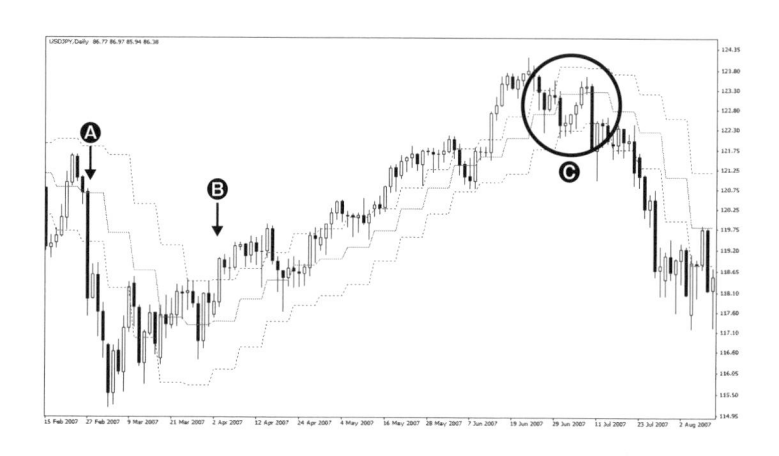

　ドル円のチャートは2007年の6月に124円台の高値を付けてそれまでの円売りトレンドから円高トレンドに大きく転換しましたが、このチャートはまさにそのタイミングとなりました。

　Aのローソク足でローラインを下抜け、115円台まで急落したドル円チャートは、モミアイの後にBのローソク足でハイラインを上抜け、トレンドステップもシンクロして上昇トレンド入りとなりました。

　その後、Cの○の部分で、トレンドステップが収縮し、ローラインを下抜けて下降トレンド入りとなっています。

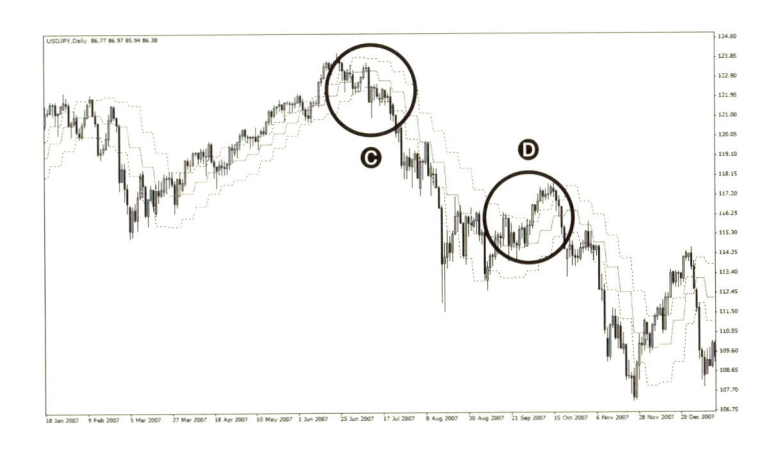

その後のドル円チャートの推移ですが、Cの○の部分を下抜けた後、ウイークリートレンドステップのハイラインを超えることなく強い下降トレンドが続きました。

そののち、Dの部分でようやくハイラインを上抜けて売りシグナルが消滅しています。

途中真ん中のバランスラインに接することがありましたが、強いトレンドが発生しているときはハイライン（下降トレンド時）、または「ローライン」（上昇トレンド時）をストップロスとしてトレーリングしながらポジションをキープすることが可能となります。

今回も13週にわたりショートポジションをキープすることができました。

✓実例②──デイリートレンドステップ

こちらは、ユーロドルの4時間足チャートとデイリートレンドステップの組み合わせです。

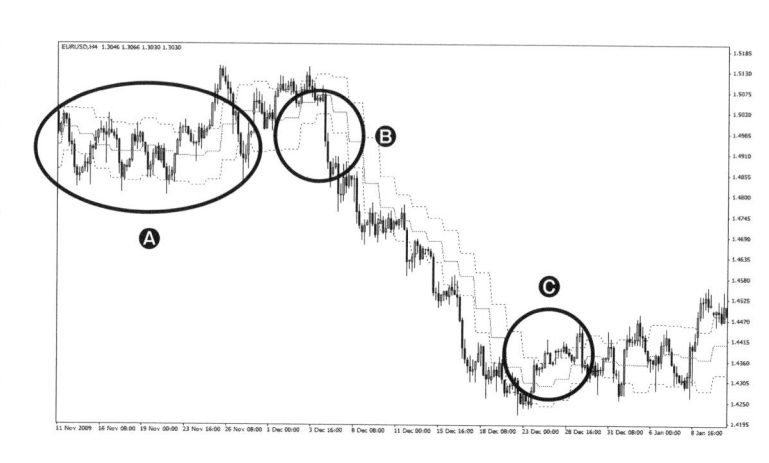

このチャートのAの部分はトレンドステップチャートシステムのもっとも苦手なパターンです。

バランスラインの方向が定まらず、また3本の線の方向もまちまちでいわゆるモミアイ相場が発生しています。

実際にこの場面では小さな損失を何度か出しましたが、その後Bの○の部分でローラインを下抜け、デイリートレンドステップがシンクロして強い下降トレンドを形成しました。

その後はCの○の部分でハイラインを超えるまで強いトレンドが継続し、ストップロスにかかることなく利を伸ばすことができています。

実例③──4Hトレンドステップ

こちらのチャートはドル円の1時間足チャートと4Hトレンドステップの組み合わせです。

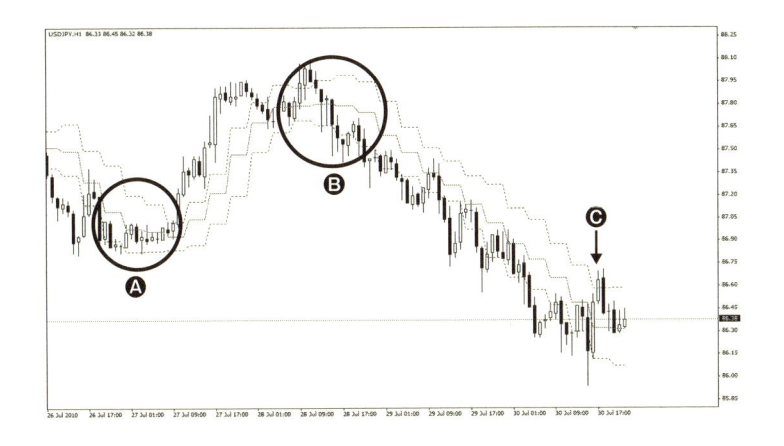

Aの部分で、トレンドステップの収縮が進み、その後ハイラインを超えて買い転換しました。

　その後、Bの部分でトレンドステップの拡大が進みローインを下抜けて売り転換となりました。

　途中真ん中のバランスラインに接することがありましたが、きれいに下降トレンドが発生し、ハイラインに接することなくポジションをキープできています。

　そして、Cのローソク足でハイラインを上抜けてエグジットとなりました。

PART 6
しろふくろう流 PIVOTトレードの総合戦術

Lesson 1
トレンドステップ＋ フィボナッチPIVOT ゾーンを活用

✓チャートはこう設定する

　最後にトレンドステップチャートシステムとPART 4で説明したフィボナッチPIVOTゾーンを組み合わせたしろふくろうのトレードスタイルをご紹介したいと思います。

　先ほどトレンドステップチャートシステムの基本的な推奨時間軸を説明しましたが、トレンドステップチャートとフィボナッチPIVOTゾーンを組み合わせた推奨パターンは次のようになります。

- **デイトレード推奨チャートセッティング**
  4Hトレンドステップ＋デイリーフィボナッチPIVOTゾーン（推奨時間軸＝5分〜1時間足チャート）

- **スイングトレード推奨チャートセッティング**
  デイリートレンドステップ＋ウイークリーフィボナッチPIVOTゾーン（推奨時間軸＝30分〜4時間足チャート）

　PART 8でメタトレーダーによって設定する方法について解説するとともに、テンプレートファイルのダウンロードと

インストールの方法も解説しますので、大いに活用してください。

✓スイングトレードの例

それでは実際にチャート上で確認してみましょう。

まずはユーロドルの4時間足チャートにデイリートレンドステップとウイークリーフィボナッチPIVOTゾーンを組み合わせたスイングトレードでの実戦例です。

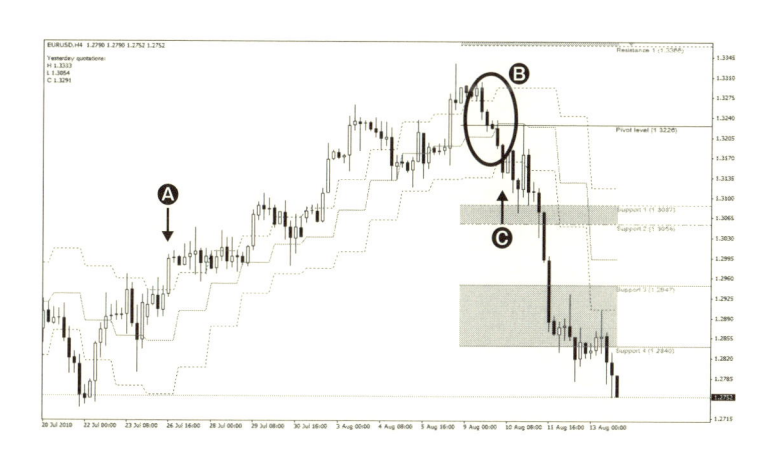

ユーロドルチャートは、Aのローソク足でトレンドステップのハイラインを上抜けてモミアイから上抜けしました。

その後、トレンドステップの階段が右肩上がりにシンクロして上昇し強いトレンドが確認できています。

今回は10営業日ほどローソク足がローラインを下回ることなくロングポジションをキープすることができました。

最初の変化は、週初にトレンドステップのハイラインの上で推移していたローソク足が、ウイークリーピボット値のトレンドステップのバランスラインの重なるサポートををあっ

さりと下抜けたBの○の部分です。

チャート上では先週末からトレンドステップの階段の傾きが鈍化し、チャートがモミアイに入る可能性を示唆していました。

トレンドステップチャートではトレンドの判断に加えて、3本の線の傾きからトレンドの強さも確認することができます。

つまり上昇トレンドでトレンドステップがシンクロしていても、階段にしっかりとした角度がある場合と、なだらかな階段の場合では前者のほうがトレンドが強いと判断することができます。

逆に階段の傾きが鈍化してきたときは、今後チャートがモミアイを形成したり、トレンド転換に結びついたりすることもあり、注意を促してくれます。

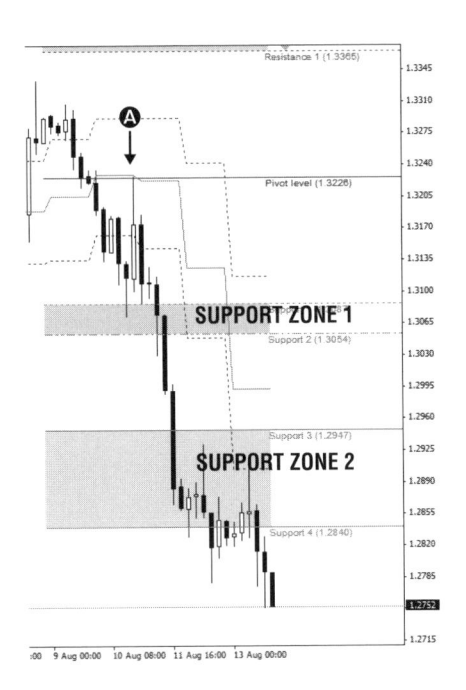

そして、Cのローソク足でトレンドステップのローラインをローソク足が下抜けて上昇トレンドが終了し、売りを検討することになります。

チャートを拡大して、フィボナッチPIVOTゾーンを使ったトレードを確認してみましょう。

Cの○の部分で上昇トレンドが終了したユーロドルチャー

トですが、SUPPORT ZONE1でいったん反発した後、Aのローソク足でバランスラインへの戻りを試しました。

　エントリーのタイミングとしては、このバランスラインがレジスタンスとなるのを確認した後、次のローソク足でローラインを下回ったタイミングが最初の売りポイントとなります。

　また、トレンドステップを使ったリスクマネージメントとして、売りエントリーのときはハイラインに、買いエントリーのときはローラインに損切りのストップロスを検討します。

　デイリートレンドステップを使ったこのチャートの場合、デイリートレンドステップが更新されるごとに、また4時間のトレンドステップを使った場合では4時間ごとの更新のタイミングでストップロスをトレーリングすることにより損失を限定することが可能です。

　フリップ・イットの本来のトレーリングストップロスの考え方ですね！

　次のエントリーは、ローソク足がSUPPORT ZONE1を下抜けたタイミングが2回目の売りポイントなります。

　今回は4時間足を使っていますので売りのタイミングがゾーンを完全に抜けてからでは遅く感じるかもしれませんが、その場合は1時間足での終値を使うことによりエントリーのタイミングを早めることが可能です。

　チャートを見ると、SUPPORT ZONE1を下抜けた後にローソク足が急落しています。

　この場合の利食いポイントは、ザラバでフィボナッチPIVOTのFS3（1.2947）をつけたときになります。

　その後、ユーロドルチャートはSUPPORT ZONE2のなかでもみ合った後にFS4を下抜けてブレイクアウトしました。

　PART 8で、トレンドステップとフィボナッチPIVOTゾ

ーンをメタトレーダー上に表示させるインディケーターも紹介していますので、ぜひご自身でチャートに表示して確認してみてください。

✓デイトレードの例

次に、トレンドステップチャートとフィボナッチPIVOTゾーンを使ったデイトレードでの実戦例を見てみましょう。

チャートは豪ドル円の4時間足チャートにデイリートレンドステップとウイークリーフィボナッチPIVOTゾーンを表示したものです。

トレンドステップの傾きを見てもわかりますが、豪ドル円は下げトレンドから上昇トレンドに転換しました。

Aのローソク足で、トレンドステップのハイラインを終値で上抜けて次のローソク足で急騰しました。

そして週初にウイークリーフィボナッチPIVOTゾーンのRESISTANCE ZONE1をつけた直後に急落しています。

その後、急落したローソク足はシンクロして上昇しているトレンドステップのローラインでサポートされ、その後バラ

ンスラインを超えて再度強気転換しました。

　スイングトレードでのチャートが上昇トレンドに転じたことを確認してデイトレードでのエントリーを確認してみましょう。

　チャートは豪ドル円の1時間足チャートに4HトレンドステップとデイリーフィボナッチPIVOTゾーンを組み合わせたデイトレードの推奨チャートです。

　こちらのチャートでも、トレンドステップが下降トレンドから上昇トレンドに転換していることが確認できました。

　そして、Aのローソク足でハイラインをローソク足が上抜けて買いエントリーとなりました。

　ハイラインを超えたローソク足は一気にRESISTANCE ZONE1をつけ、その後モミアイが発生しています。

　デイトレードでは、RESISTANCE ZONE1に到達したタイミングで最初の利食いを検討します。

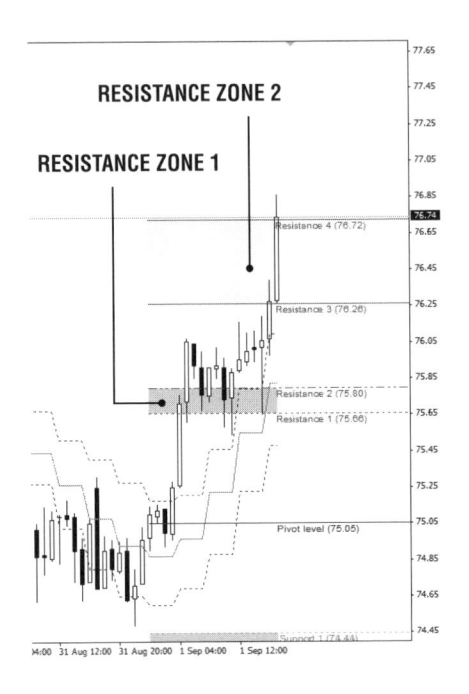

その後の豪ドル円チャートの動きですが、RESISTANCE ZONE1を上抜けた後は、今度はこのRESISTANCE ZONE1がサポートになっていることがわかります（テクニカルトレードでは、一度レジスタンスを超えると今度はそこがサポートになり、逆にサポートを下抜けると今度は下抜けたサポートがレジスタンスに転ずると考えます）。

RESISTANCE ZONE1をサポートにモミアイを続けたローソク足は、結局このゾーンを下抜けることなく再度上昇を始めました。

そして、フィボナッチPIVOTのFR3を一気につけて、その後FR4まで到達しました。

このように、「上位時間軸のトレンド方向を見極めて同じトレンド方向にエントリーを行なう」ことにより、デイトレードでも勝率を上げることが可能です。

トレンドステップは、ローソク足だけを見ている場合に比べて、細かなノイズを取り除いてトレンド方向や転換を示唆してくれ、視覚的にトレンド方向をとらえることができる非常に優れたツールです。

今回は1時間足を使って確認しましたが、5分足や、30分

足といった短い時間軸のチャートとの組み合わせでも活用することができます。

　ご自身のトレードスタイルに合わせて使いやすいタイムスパンのローソク足と組み合わせ、ぜひともうまく使いこなしていただければと思います。

PART 7
PIVOTトレードにおける最適リターン・リスク

Lesson 1
相場で生き残るために「リスクマネージメント」は不可欠

✓ 確率的アプローチでリスクを管理する

　ここまで、「確率的アプローチ」を使ったトレードについて具体的なノウハウを解説してきました。

　最後は「確率的アプローチによるリスクマネージメント」とPIVOTトレードを行なううえでの最適なオーダーの置き方についてまとめてみたいと思います。

　長く相場の世界で生き残るためにもっとも大切なことはリスクマネージメントといわれます。

　投資の目的はもちろん儲けることですが、投資には「不確実性」が伴います。

　つまり「100%確実に勝てるとは考えない」ことが長く生き残るうえで大切なのです。

　しかし、確率的アプローチをトレードに取り入れることにより十分リスクをコントロールすることが可能です。

　FXの書籍やブログなどを見ていると、「100万円が数億円になった」とか「勝率100%のFX必勝法」などの言葉を見ることがよくあります。

　確かに一握りの（おそらく数%）の人がそのような大成功をすることは可能かもしれません。

しかし、「運」や「ツキ」だけでは短期的に勝つことは可能ですが、リスクマネージメントなくして長期的に勝つことはむずかしいと思います。

相場を始めたときは誰もが慎重で、最初から大胆になることは少ないと思います。

おそらく、仮に失敗したとしても致命傷になるような負けをすることは少ないのではないでしょうか。

しかし、勝ちが続いたりすると慎重さをなくし、大胆なトレードを行なうようになりがちです。

連勝した後、「次も勝てる」と考えてラフなエントリーをしたり、ルールを破ったりしてしまうことが往々にしてあります。

そしてそんなときに限って資金の大半を飛ばしてしまうような、いわば命取りとなるような損失を被ってしまいがちです。

また冒頭のカジノの例のように、考えにバイアス（思い込み）がかかってくることも危険な兆候です。

勝負の世界で生きている人の話や本を読むと必ずこのようなコメントがあります。

「あまりに大きな勝ちや連戦連勝は大喜びするようなものではなく、かえって不安になるべきものである」

おそらく、しろふくろうも含めて一般にはまったく逆の精神状態になるのではないでしょうか。

当然ながら、確率的アプローチでトレードを組み立てたとしても、100％思うように勝てることはないでしょう。

しかし、確率的アプローチを取り入れ、リスクを正確にとらえることにより、致命的な損失を避けることができると思います。

✓無意識でいれば人は損をする

「人は損をしやすくできている」というと、「俺はそんなことはないよ！」という声も聞こえてきそうですが、行動ファイナンス的にはよく知られている事実です。

「プロスペクト理論」という言葉をご存知でしょうか？

プロスペクト理論とは、人がリスクを伴う選択肢の前で、どのように意思決定をするかを経験的事実から導く理論です。

例題で見てみましょう。

あなたの目の前に、以下の2つの選択肢が提示されたとします。

・質問1
選択肢A：100万円が無条件で手に入る
選択肢B：コインを投げ、表が出たら200万円が手に入るが、裏が出たら1円も手に入らない

・質問2
選択肢C：確実に80万円損をする
選択肢D：85％の確率で100万円損をするが、15％の確率で1円も損をしない

実験によると、それぞれの質問に対してAとDを選択する人が圧倒的に多いといわれています。

それでは、少し冷静にそれぞれの「期待値」を考えてみましょう。

質問1の場合は、選択肢Aの期待値はそのまま100万円です。

そして選択肢Bの期待値は200万円×コインの表が出る確

率1／2＝100万円の期待値となり、まったく同じ結果となります。

　質問2の場合は、選択肢Cの期待値はマイナス80万円、そして選択肢Dの場合は、マイナス100万円×（100－15）％＝マイナス85万円となり、実はDのマイナス幅のほうが大きく、損をするということになります。
　この結果は、「人は目の前に利益があると、利益が手に入らないというリスクを回避して利益を優先しようとし、損失を目の前にすると、損失そのものを回避しようとする傾向がある」ということを示しています。
　プロスペクト理論とは、このような人間の心理的傾向に意志決定が左右されることを指します。
　実際にFXの取引に当てはめてみると、当初決めた目標値よりも早く利食いをしてしまったり、損切りが遅れがちになったりするということが起こりがちであるということになります。
　つまり「損切りは早く利食いは遅く」という「損小利大」のまったく逆の行動をしてしまう傾向があるようです。
　なんだか思い当たる節がありますね。

✓「損小利大」と「勝率」は相反する

　だからといって、たんに損小利大を心がけてそのまま実行すればよいというものではありません。
　こちらの図を見てください。

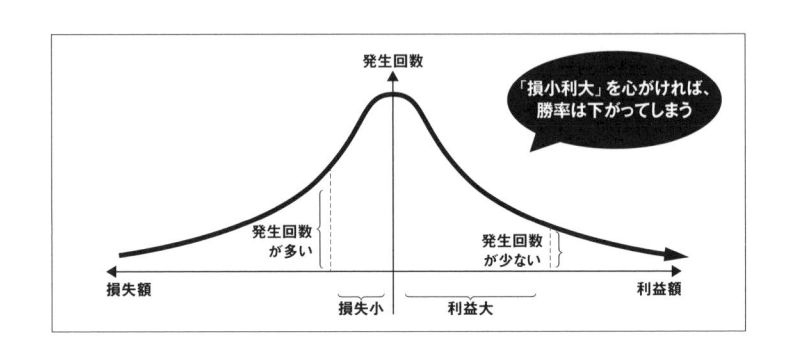

これは「ある時点でポジションをとったとき、その後の値動きの方向が利益になるか損失になるか」の頻度を表したものです。

相場の値動きが統計的にみてほぼ正規分布に従うとすれば、利益になる回数と損失になる回数は半々です。

したがって、どこかの時点でランダムにエントリーした場合に、いわゆる損小利大、すなわち「利益確定の幅は大きく、損失確定の幅は小さく」を心がけて実践すると、必然的に利益確定で手仕舞える回数は減り、損失確定で手仕舞うことになる回数が増えてしまうだけだということがわかります。つまり、ある時点でランダムにポジションをとって、たとえば「1円利が乗ったら利食い、損失が50銭に達したら損切り」ということにすると、利食いでエグジットできる回数（勝ち）は損失でエグジットする回数（負け）よりも大幅に少なくなってしまうということです。損益率と勝率は逆相関になっているわけです。

したがって、FXトレードで利益を残していくためには、勝率を上げるためのアプローチと、損益率を上げるためのアプローチの両面が大切だということになります。

その点、フィボナッチPIVOTと確率的アプローチをエントリーだけではなくリスク管理にも取り入れることにより、

勝率と損益率をバランスよく高めて合理的で効率的なトレードができるようになります。

PART 7で説明する「確率的アプローチでのリスクマネージメト」では、このプロスペクト理論を逆手に取り、確率を使って損失を事前に認識することにより、「利益＞損失」で「勝てる」トレードを実現することを目的としています。

✓ そもそもリスクとは何か？

ここまで何度も「リスク」という言葉を使ってきました。

リスクという言葉を辞書で引いてみると「危険」と出てきます。

もう少し踏み込んで調べてみると、経済学では「ある事象の変動に関する不確実性」と定義されているようです。

またここで「不確実性」という新しい言葉がでてきましたね。

実は不確実性とリスクを明確に分けることにより、これから先の「確率的アプローチによるリスクマネージメント」が成立します。

「ナイトの不確実性」と呼ばれる概念を構築したアメリカの経済学者、フランク・ナイトによると、

「リスクとは何が起こるか不確定ではあるがその確率を推定できるもの」
「不確実性とは確率すら推定できないもの」
「不確実性と偶然はほぼ同じもの」

と定義されています。

つまり、ストップロスを置いたときにそれが現実となる確

率がわかればリスクをコントロールすることが可能になります（ここがポイントです！）。

　また、不確実なものを少しでも事前に回避することができれば勝ちの確率を高めることができます。

　しろふくろうは、かねがね「米国雇用統計」などの重要指標時はトレードを避けるかできるだけスクエアで構えることをすすめてきました。

　雇用統計はまさしく不確実性の代表例で、予想どおりの良い結果が出ても「織り込み済み」で売られたり、また逆に買われる場合もあったりで、まったくもって不確実なものと思います。仮に予想が当たったとしても、すべては偶然に過ぎないといってよいでしょう。

　確かに雇用統計は大きく動く収益チャンスかもしれませんが、冷静に考えると、偶然かつ変動が大きいという意味で、トレードで儲けるためにはあまり効率のよい機会とはいえません。

　つまり「不確実」＝「偶然」な勝ちだけではFXという戦場で生き残っていくことがむずかしいと考えるようになったからです。

Lesson 2
確率的アプローチでリスクを予測する

✓「真のリスク」を計る公式

　ストップロスを置いたときにそれが現実となる確率がわかればリスクをコントロールすることが可能になる、あるいは、不確実なものを少しでも事前に回避することができれば勝ちの確率を高めることができる、という観点からすると、「リスクを予測」することが大切になります。

　ここでは、実際にリスクを予測する方法について説明したいと思います。

　リスクとは損失や被害やその他、望ましくないできごとの起こる可能性のことを指しますが、FXでトレードをするうえでのリスクとは、単純にそのトレードを行なうことによって生じる予想損失といえるでしょう。そこで、リスクを計算する公式を次のように考えることにします。

> **真のリスク＝損失幅×発生する確率**

　実際にFXのトレードに当てはめて考えてみましょう。
　エントリーと同時にストップロスを置く場合、公式に当てはめてみると、「エントリーからストップロスまでの値幅」

と「ストップロスがつく確率」をかけることにより計算できることになります。

まずエントリーからストップロスの値幅ですが、買いの場合はエントリー値からストップロスの値を引くことにより、売りの場合はストップロスの値からエントリー値を引くことにより簡単に求められますね。

それではストップロスがつく確率はどうすればわかるのでしょうか？

ストップロスの根拠は、前回の安値や高値、フィボナッチ比率での戻り高値や安値などいろいろあると思います。

しろふくろうの「確率的アプローチによるリスクマネージメント」ではピボット・ポイントとピボット・ポイントへの到達率を使ってリスクを計算します。

実際にどのようにリスクを計算するか、ドル円のロングエントリーの実例で確認してみます。

今回使ったドル円の4本値は、始値92.41、高値93.15、安値91.89、終値93.02です。

ここから算出されるピボット・ポイントは、

FR4	FR3	FR2	FR1	PIVOT	FS1	FS2	FS3	FS4
94.43	93.95	93.47	93.32	92.69	92.06	91.91	91.43	90.95

のようになります。

この数値と、確率表を使って真のリスクを計算してみたいと思います。

✓リスクの予測──ドル円全体の場合

最初に、PART 2で使ったドル円全データの確率表を確認

します（右表）。

先ほどのピボット・ポイントと到達率をもとに、リスク値を計算してみます。位置関係がよくわかるように、表にしてみました（下表）。

全体	到達(%)
FR4(1.382)	7.2
FR3(1.000)	14.9
FR2(0.618)	32.9
FR1(0.5)	41.6
PIVOT	76.5
FS1(0.5)	44.9
FS2(0.618)	37.5
FS3(1.000)	20.3
FS4(1.382)	10.7

ロングエントリーの場合（フィボナッチポイントを使ったリスクの計算）
ALL　　　　　　　　①FS1でエントリーの場合

PIVOT値	価格	到達率	値幅	FS2ストップ	FS3ストップ	FS4ストップ
FR4	94.43	7.2				
↑FR3	93.95	14.9				
↑FR2	93.47	32.9				
↑FR1	93.32	41.6				
↑PIVOT	92.69	76.5				
↑FS1	92.06	44.9				
↓FS2	91.91	37.5	15	5.6		
↓FS3	91.43	20.3	63		12.8	
↓FS4	90.95	10.7	111			11.9

真のリスク

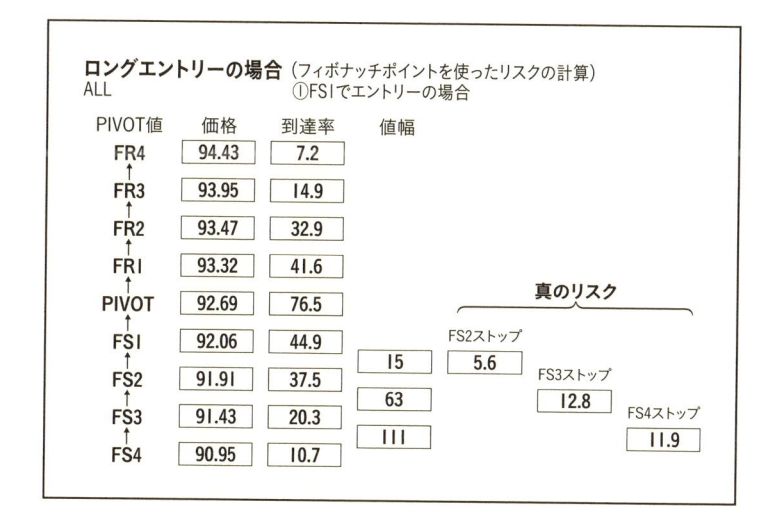

価格の部分には、各ピボット・ポイントの値を、そして到達率の部分には上の到達率が書かれています。

次に値幅ですが、今回はFS1でエントリーした場合のストップロスのポイントまでの値幅をpipsで計算しています。

まず、FS1でエントリー→FS2でストップロスを置いた場合の計算上の損失は、

$92.06 - 91.91 = 15\text{pips}$

となります。

次にFS3でストップロスを置いた場合は、

92.06 − 91.43 = 63pips

FS4にストップロスを置いた場合は、

92.06 − 90.95 = 111pips

となります。
　この数値を「リスクの公式」に当てはめてみましょう。
　リスクの公式は

リスク＝損失×発生する確率

ですから、上の表でFS2にストップロスを置いた場合のリスクは、

リスク＝ 15pips × 37.5% = 5.6pips

というのが発生する確率を加味した「真のリスク値」になります。
　FS1からFS2を単純に引いた損失予想が15pipsですので、確率的アプローチによるリスクはかなり少ないことがわかります。
　同様に、FS3でストップロスを置いた場合のリスクは、

リスク＝ 63pips × 20.3% = 12.8pips

となり、FS4でストップを置いた場合のリスクは、

リスク＝ 111pips × 10.7% = 11.9pips

となります。いずれも計算上の単純な損失予想63pips、111pipsよりもはるかに少ないことがわかります。
　この計算結果からわかるように、FS1でエントリーした場

合、ドル円全体の到達率でみると、FS2でストップロスを置いた場合のリスクが5.6pipsと最も低いということがわかります。

同様に、「前日が陽線」、「前日陽線＋前々日陽線」、そして「前日陽線＋前々日陰線」のパターンの場合のリスクをそれぞれ計算してみましょう。

✓「前日が陽線」の場合

最初に、先ほど同様、「前日が陽線」の場合の到達率を確認します（右表）。

この到達率を先ほどの表に当てはめてみると下表のようになります。

リスクの公式に当てはめ

陽線のみ	到達(%)
FR4(1.382)	9.2
FR3(1.000)	18.5
FR2(0.618)	41.2
FR1(0.5)	50.4
PIVOT	76.7
FS1(0.5)	33.1
FS2(0.618)	27.9
FS3(1.000)	14.8
FS4(1.382)	7.7

ロングエントリーの場合（フィボナッチポイントを使ったリスクの計算）
前日陽線　　　　　　①FS1でエントリーの場合

PIVOT値	価格	到達率	値幅			
FR4	94.43	9.2				
FR3	93.95	18.5				
FR2	93.47	41.2				
FR1	93.32	50.4			真のリスク	
PIVOT	92.69	76.7		FS2ストップ		
FS1	92.06	33.1	15	4.2	FS3ストップ	
FS2	91.91	27.9	63		9.3	FS4ストップ
FS3	91.43	14.8	111			8.5
FS4	90.95	7.7				

てそれぞれのピボット・ポイントのリスクを計算してみましょう。FS2でストップロスを置いた場合のリスクは、

リスク= 15pips × 27.9% = 4.2pips

FS3でストップロスを置いた場合のリスクは、

リスク= 63pips × 14.8% = 9.3pips

FS4でストップロスを置いた場合のリスクは、

リスク= 111pips × 7.7% = 8.5pips

となり、前日が陽線の場合、先ほどのドル円全体の到達率を使ったときよりさらに、リスクが減少することがわかります。

また、今回最小のリスクとなる最適ストップロスはFS2の4.2pipsとなります。

✓「前日陽線+前々日陽線」の場合

まずは、「前日陽線+前々日陽線」の場合の到達率を確認します（右表）。

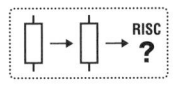

この到達率を表に当てはめてみると、次ページ上の表のようになります。先ほど同様リスクの公式に当てはめると、FS2でストップロスを置いた場合のリスクは、

陽線+陰線	到達(%)
FR4(1.382)	9.5
FR3(1.000)	17.8
FR2(0.618)	40.7
FR1(0.5)	48.1
PIVOT	79.3
FS1(0.5)	38.2
FS2(0.618)	32.0
FS3(1.000)	15.4
FS4(1.382)	5.8

リスク= 15pips × 32% = 4.8pips

FS3でストップロスを置いた場合のリスクは、

ロングエントリーの場合（フィボナッチポイントを使ったリスクの計算）
前日陽線＋前々日陽線　①FS1でエントリーの場合

PIVOT値	価格	到達率
FR4	94.43	9.5
FR3	93.95	17.8
FR2	93.47	40.7
FR1	93.32	48.1
PIVOT	92.69	79.3
FS1	92.06	38.2
FS2	91.91	32
FS3	91.43	15.4
FS4	90.95	5.8

値幅：15 / 63 / 111

真のリスク
FS2ストップ 4.8
FS3ストップ 9.7
FS4ストップ 6.4

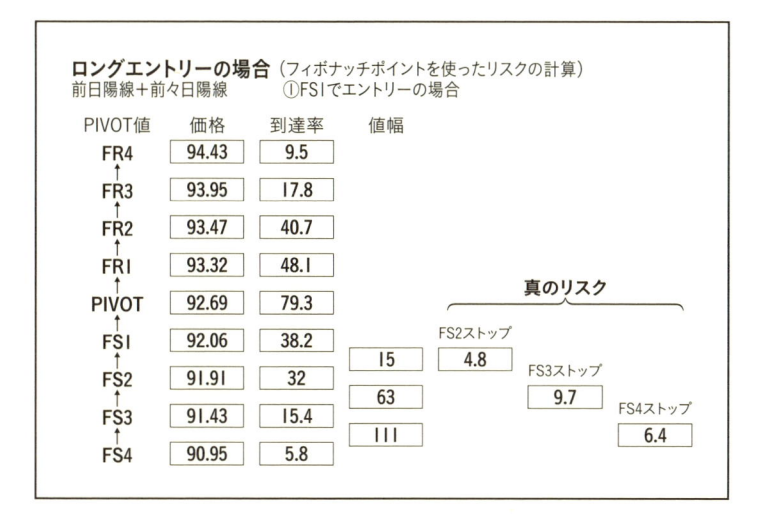

リスク＝63pips×15.4％＝9.7pips

FS4でストップロスを置いた場合のリスクは、

リスク＝111pips×5.8％＝6.4pips

となり、「前日が陽線」の場合よりFS4でのリスクが減少することがわかります。

✓「前日陽線＋前々日陰線」の場合

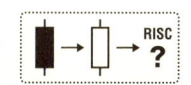

まずは、「前日陽線＋前々日陽線」の場合の到達率を確認します（右表）。

この到達率を表に当てはめてみると、下表のようになり、同様にリスクを計算してみましょう。

陽線＋陰線	到達(％)
FR4(1.382)	9.0
FR3(1.000)	19.0
FR2(0.618)	41.6
FR1(0.5)	52.3
PIVOT	74.6
FS1(0.5)	28.7
FS2(0.618)	24.4
FS3(1.000)	14.3
FS4(1.382)	9.3

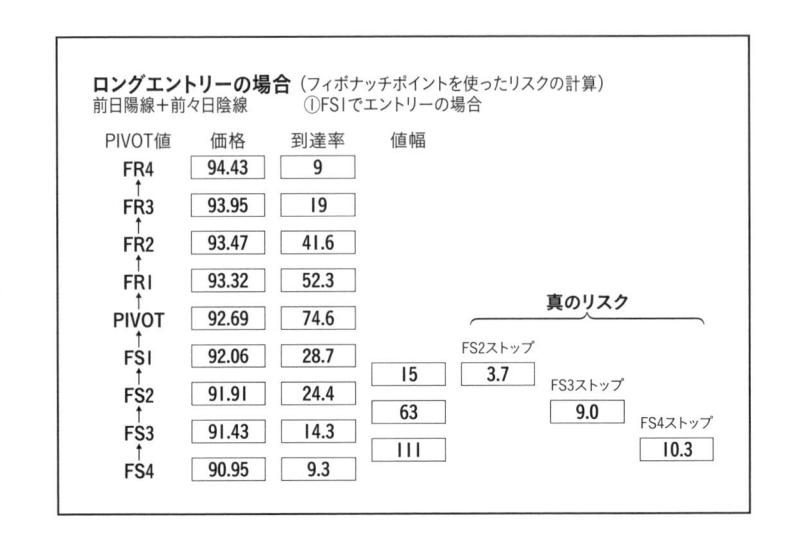

ロングエントリーの場合（フィボナッチポイントを使ったリスクの計算）
前日陽線＋前々日陰線　　①FS1でエントリーの場合

PIVOT値	価格	到達率
FR4	94.43	9
FR3	93.95	19
FR2	93.47	41.6
FR1	93.32	52.3
PIVOT	92.69	74.6
FS1	92.06	28.7
FS2	91.91	24.4
FS3	91.43	14.3
FS4	90.95	9.3

値幅：15、63、111

真のリスク
- FS2ストップ 3.7
- FS3ストップ 9.0
- FS4ストップ 10.3

FS2でストップロスを置いた場合のリスクは、

リスク＝15pips×24.4％＝3.7pips

FS3でストップロスを置いた場合のリスクは、

リスク＝63pips×14.3％＝9.0pips

FS4でストップロスを置いた場合のリスクは、

リスク＝111pips×9.3％＝10.3pips

となります。

　この場合、最小リスクのストップロスはFS1の3.7pipsとなります。

　ここまで計算した、4つの確率表での「リスク」をまとめてみました。

	確率なし	全体	陽線	陽+陽	陽+陰
FS2ストップ	15	5.6	4.2	4.8	3.7
FS3ストップ	63	12.8	9.3	9.7	9.0
FS4ストップ	111	11.9	8.5	6.4	10.3

　同じピボット・ポイントをストップロスに使っても、前提条件の違いによって各ピボット・ポイントへの到達率が異なってくることにより、真のリスクは変動していることがわかりますね。

　また、確率をかけていない、計算上の「単純損失」と、相場の方向を加味した到達率をかけた「真のリスク」を比較すると、単純損失ではエントリーポイントから遠いほど損失が拡大しますが、到達率を加味した真のリスクはまったく異なる結果となっていることが確認できます。

Lesson 3
確率的アプローチでリターンを予測する

✓「真のリターン」を計る公式

　先ほどの確率的アプローチによる真のリスクの考え方をリターン（利益）に応用し「真のリターン」を求めてみましょう。
　FXでトレードをするうえでのリターンは、そのトレードを行なうことによって生じる予想利益といえます。リスクの公式同様、真のリターンの公式はこのように定義されます。

> **真のリターン＝利幅×到達率**

　リスクの計算同様、エントリーと同時にリミット（利食い）オーダーを置く場合、公式に当てはめてみると、エントリーから利食いポイントまでの「値幅」とその利食いポイントに到達する「確率」をかけることにより計算できることになります。今回はピボット・ポイントを

FR4	FR3	FR2	FR1	PIVOT	FS1	FS2	FS3	FS4
92.27	91.88	91.49	91.38	90.87	90.37	90.25	89.86	89.47

として「真のリターン」を計算してみましょう。

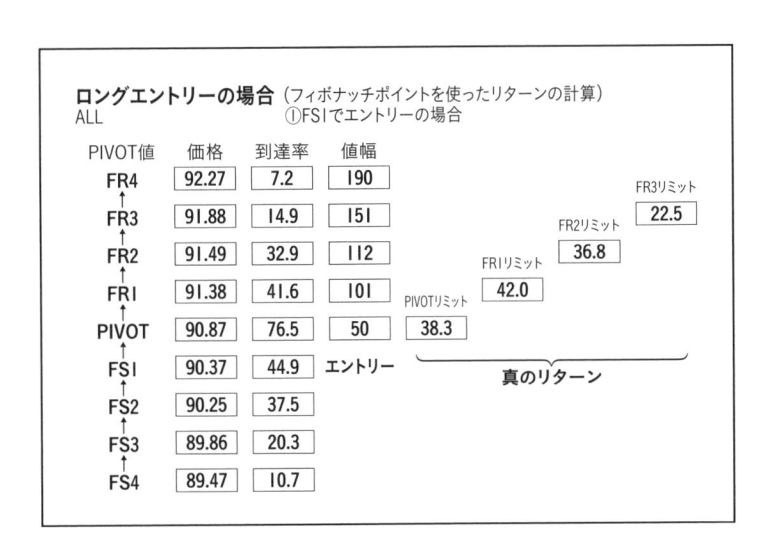

✓リターンの予測──ドル円全体の場合

考え方、計算方法はリスクの場合とまったく同じです。

今回も、FS1でロングのエントリーをした場合で計算してみましょう。

まずはドル円の全体の到達率を確認します。

次に各リミット（利食い）ポイントまでの値幅ですが、ピボット値、FR1、FR2、FR3で利食いした場合で計算してみたいと思います。

全体	到達(%)
FR4(1.382)	7.2
FR3(1.000)	14.9
FR2(0.618)	32.9
FR1(0.5)	41.6
PIVOT	76.5
FS1(0.5)	49.9
FS2(0.618)	37.5
FS3(1.000)	20.3
FS4(1.382)	10.7

ピボット値リミット ＝ 90.87 － 90.37 ＝ 50pips
FR1リミット ＝ 91.38 － 90.37 ＝ 101pips
FR2リミット ＝ 91.49 － 90.37 ＝ 112pips
FR3リミット ＝ 91.88 － 90.37 ＝ 151pips

ロングエントリーの場合 （フィボナッチポイントを使ったリターンの計算）
ALL　　　　　　　　　①FS1でエントリーの場合

PIVOT値	価格	到達率	値幅				
FR4	92.27	7.2	190				
↑FR3	91.88	14.9	151				FR3リミット 22.5
↑FR2	91.49	32.9	112			FR2リミット 36.8	
↑FR1	91.38	41.6	101		FR1リミット 42.0		
↑PIVOT	90.87	76.5	50	PIVOTリミット 38.3			
↑FS1	90.37	44.9	エントリー		真のリターン		
↑FS2	90.25	37.5					
↑FS3	89.86	20.3					
↑FS4	89.47	10.7					

この数値を当てはめてみるとこのようになります。

リターンの公式は、

リターン＝利幅×到達率

でしたね。

　真のリスクと同様、各ピボット・ポイントでの利食い値幅と到達率をかけて「真のリターン」を求めます。

　上の表でピボット値にリミット（利食い）を置いた場合の値幅は50pips、到達率は76.6％ですので、

リターン＝50pips×76.5％＝38.3pips

が到達率を加味した真のリターン（利益）になります。

　ピボット値からFS1を単純に引いた利益予想が50pipsですので、確率的アプローチによる真の利益は計算上の利益より少ないことがわかります。

　同様に、FR1でリミットを置いた場合のリターンは、

リターン＝101pips×41.6％＝42pips

　FR2でリミットを置いた場合のリターンは、

リターン＝112pips×32.9％＝36.8pips

　FR3でリミットを置いた場合のリターンは、

リターン＝151pips×14.9％＝22.5pips

となり、いずれも計算上の単純な利益予想よりも少ないことがわかります。

　この結果は、先ほどプロスペクト理論のところでお話しした、「損小利大を単純に考えると、勝率が下がる」ということを証明しています。

つまりエントリー値から計算上最も「利大」となるリミット（利食い）ポイントはFR3で151 pipsとなりますが、ここで利食いできる確率（勝率）はわずか14.8%しかないということになります。

このことから確率的アプローチを活かすことが、リスク管理（損益率）だけでなく、利食いポイント（勝率）を決定するうえでも有効であることがわかると思います。

今回の各ポイントでの真のリターンをまとめてみました（右表）。

	確率なし	全体
FR3リミット	151	22.5
FR2リミット	112	36.8
FR1リミット	101	42.0
PIVOTリミット	50	38.3

この表から判断する限り、ドル円全体の確率表を適用した場合、FR1を利食い目標値とすることが最も収益を高めることが確認できますね。

✓「前日が陽線」の場合

先ほどの表に、ドル円の「前日が陽線」パターンの場合の確率表の数値を確認し記入します（右表）。

この表から各ピボット・ポイントの値幅と到達率を確認し、リターンの公式に当てはめて計算した結果が次ページの表になります。

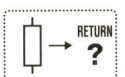

陽線のみ	到達(%)
FR4(1.382)	9.2
FR3(1.000)	18.5
FR2(0.618)	41.2
FR1(0.5)	50.4
PIVOT	76.7
FS1(0.5)	33.1
FS2(0.618)	27.9
FS3(1.000)	14.8
FS4(1.382)	7.7

ロングエントリーの場合 (フィボナッチポイントを使ったリターンの計算)
前日陽線　　　　　　　　①FS1でエントリーの場合

PIVOT値	価格	到達率	値幅
FR4	92.27	9.2	190
FR3	91.88	18.5	151
FR2	91.49	41.2	112
FR1	91.38	50.4	101
PIVOT	90.87	76.7	50
FS1	90.37	33.1	エントリー
FS2	90.25	27.9	
FS3	89.86	14.8	
FS4	89.47	7.7	

FR3リミット 27.9
FR2リミット 46.1
FR1リミット 50.9
PIVOTリミット 38.4

真のリターン

	確率なし	全体
FR3リミット	151	27.9
FR2リミット	112	46.1
FR1リミット	101	50.9
PIVOTリミット	50	38.4

先ほどと同様に、どの利食いポイントが最も収益が高まるか確認してみましょう。

FR1が50.9pips、次にFR2が46.1pips、そしてPIVOT値が38.4pips、FR3が27.9pipsのリターンとなり、FR1でのリミット注文が最適な利食いポイントといえます。

✓「前日陽線＋前々日陽線」の場合

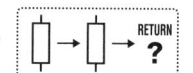

次に「前日陽線＋前々日陽線」のパターンを見てみましょう。まず確率表を確認して記入します。

ロングエントリーの場合（フィボナッチポイントを使ったリターンの計算）
前日陽線＋前々日陽線　①FS1でエントリーの場合

PIVOT値	価格	到達率	値幅
↑FR4	92.27	9.5	190
↑FR3	91.88	17.8	151
↑FR2	91.49	40.7	112
↑FR1	91.38	48.1	101
↑PIVOT	90.87	79.3	50
↑FS1	90.37	38.2	エントリー
↑FS2	90.25	32	
↑FS3	89.86	15.4	
↑FS4	89.47	5.8	

FR3リミット 26.9
FR2リミット 45.6
FR1リミット 48.6
PIVOTリミット 39.7

真のリターン

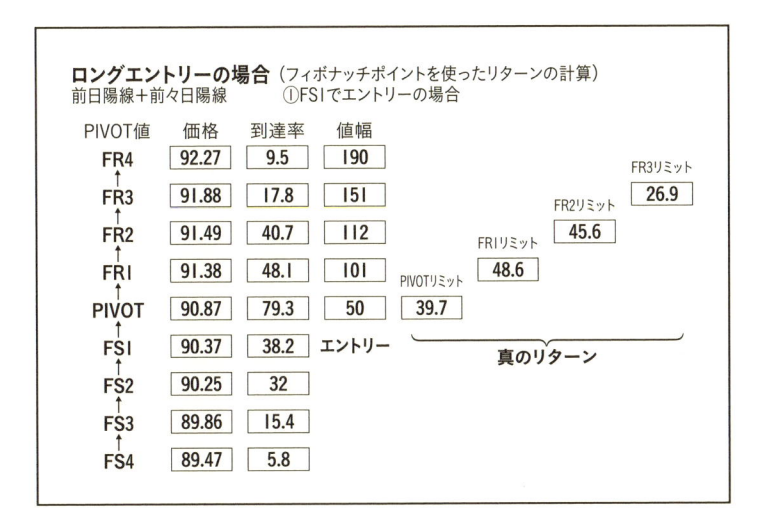

この表から各ピボット・ポイントの値幅と到達率を確認し、リターンの公式に当てはめて計算した結果が右表です。

	確率なし	全体
FR3リミット	151	26.9
FR2リミット	112	45.6
FR1リミット	101	48.6
PIVOTリミット	50	39.7

この計算結果から求めた最適利食いポイントはFR1で、リターンは48.6pipsとなります。

✓「前日陽線＋前々日陰線」の場合

最後に、「前日陽線＋前々日陰線」のパターンを見てみましょう。

「前日陽線＋前々日陰線」パターンの場合の確率表を確認して記入します。

ロングエントリーの場合 （フィボナッチポイントを使ったリターンの計算）
前日陽線＋前々日陰線　　①FS1でエントリーの場合

PIVOT値	価格	到達率	値幅				
FR4	92.27	9	190				
↑							
FR3	91.88	19	151				FR3リミット 28.7
↑							
FR2	91.49	41.6	112			FR2リミット 46.6	
↑							
FR1	91.38	52.3	101		FR1リミット 52.8		
↑							
PIVOT	90.87	74.6	50	PIVOTリミット 37.3			
↑							
FS1	90.37	28.7		エントリー			
↑							
FS2	90.25	24.4					
↑							
FS3	89.86	14.3					
↑							
FS4	89.47	9.3					

（PIVOTリミット〜FR3リミットの範囲が「真のリターン」）

この表から各ピボット・ポイントの値幅と到達率を確認し、リターンの公式に当てはめて計算した結果が右表です。

	確率なし	全体
FR3リミット	151	28.7
FR2リミット	112	46.6
FR1リミット	101	52.8
PIVOTリミット	50	37.3

この計算結果から求めた最適利食いポイントはFR1で、リターンは52.8pipsとなります。

ここまで計算した、「全体」「陽線」「陽線＋陽線」「陽線＋陰線」の4つの確率表の到達率を加味した真のリターンをまとめてみました。

	確率なし	全体	陽線	陽＋陽	陽＋陰
FR3リミット	151	22.5	27.9	26.9	28.7
FR2リミット	112	36.8	46.1	45.6	46.6
FR1リミット	101	42.0	50.9	48.6	52.8
PVOTリミット	50	38.3	38.4	39.7	37.3

4つのパターンの確率表で計算した最適利食いポイントは

いずれも「FR1」という結果になりました。

　また、もっとも高い真のリターンは「前日陽線＋前々日陰線」パターンの52.8pipsで、いちばん低い全体パターンの42.0pipsより10pips以上高い期待値が得られていることが確認できます。つまり、エントリーの前提条件を絞り込むことによって、より効率的なトレードが可能になるということを示しています。

Lesson 4
確率的アプローチでみる真のリスク・リターン比

✓「収益の可能性」を算出する

　最後は、真のリスクと真のリターンに基づく、「真のリスク・リターン比」を求めてみます。

　ここでは、エントリーからストップロスまでの値をリスク、エントリーからリミットまでの値をリターンとして「計算上のリスク・リターン比」と「真のリスク・リターン比」にて収益の可能性を確認してみたいと思います。

ロングエントリーの場合（フィボナッチポイントを使ったリスク・リターンの計算）
ALL　　　　　　　　①FS1でエントリーの場合

PIVOT値	価格	到達率	値幅	
FR4	92.27	7.2	190	FR4リミット 13.7
↑ FR3	91.88	14.9	151	FR3リミット 22.5
↑ FR2	91.49	32.9	112	FR2リミット 36.8
↑ FR1	91.38	41.6	101	FR1リミット 42.0
↑ PIVOT	90.87	76.5	50	PIVOTリミット 38.3
↑ FS1	90.37	44.9		エントリー
↑ FS2	90.25	37.5	12	FS2ストップ 4.5
↑ FS3	89.86	20.3	51	FS3ストップ 10.4
↑ FS4	89.47	10.7	90	FS4ストップ 9.6

前ページの表はLesson 3で計算したドル円全体の場合の真のリターンの表に、真のリスクも記入してまとめたものです（今回はFR4のリミットポイントまで記入しています）。

まずは、「計算上のリスクとリターン」と「真のリスクと真のリターン」をまとめてみました（右表）。

いずれもFS1で買いエントリーした場合で考えてみましょう。

計算上のリスク・リターン比（表の「確率なし」の列）

	確率なし	全体
FR4リミット	190	13.7
FR3リミット	151	22.5
FR2リミット	112	36.8
FR1リミット	101	42.0
PIVOTリミット	50	38.3
FS1	エントリー	
FS2ストップ	12	4.5
FS3ストップ	51	10.4
FS4ストップ	90	9.6

をみると、最も損の少ないのはFS2で損切りする場合の12pipsで、最も利が大きなのはFR4で利食いする場合の190pipsとなります。この場合のリスク・リターン比は「12：190」＝「1:15.8」という非常に高いものとなります。

✓ 実際に「約定」するか？

しかしよく考えてください。計算上いかに高いリスク・リターン比が算出されても、うまく利食いできなければ「絵に描いた餅」になってしまいます。

プロスペクト理論のところでもふれましたが、単純に「損小利大」だけを心がけて実践すると、利益確定で手仕舞える回数は減り、損失確定で手仕舞うことになる回数が増えてしまい、うまく儲けることはできません。

つまり、トレードをする場合、どこでエントリーをするか？　どこにストップを置くか？　どこで利食いを行なうか？　については、単純な値幅だけで決定することは無意味で、「そ

れが実現する可能性」も加味して決めなければなりません。

さて、もう一度先ほどの表を確認してみましょう。

右表で「全体」の列をみると、真のリスクが最小となるのはFS2でストップを置いた4.5となります。

また、真のリターンが最大となるのはFR1でリミットを置いた42.0となります。

このことから、FS1でエントリーをした場合の最適オーダーは「FS2ストップ、FR1リミット」となり、このときの真のリスク・リターン比は「4.5：42.0」＝「1：9.3」と計算されます。

	確率なし	全体
FR4リミット	190	13.7
FR3リミット	151	22.5
FR2リミット	112	36.8
FR1リミット	101	42.0
PIVOTリミット	50	38.3
FS1	エントリー	
FS2ストップ	12	4.5
FS3ストップ	51	10.4
FS4ストップ	90	9.6

このように確率的アプローチを組み入れることにより、指値の最適値を見つけることができ、本当の意味での損小利大のトレードを行なうことが可能になります。

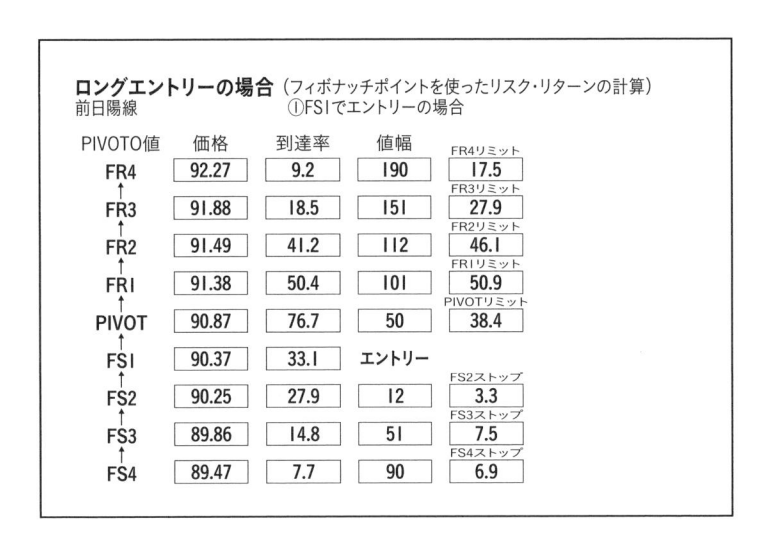

ロングエントリーの場合（フィボナッチポイントを使ったリスク・リターンの計算）
前日陽線　　　　　　①FS1でエントリーの場合

PIVOT0値	価格	到達率	値幅		
FR4	92.27	9.2	190	FR4リミット	17.5
↑FR3	91.88	18.5	151	FR3リミット	27.9
↑FR2	91.49	41.2	112	FR2リミット	46.1
↑FR1	91.38	50.4	101	FR1リミット	50.9
↑PIVOT	90.87	76.7	50	PIVOTリミット	38.4
↑FS1	90.37	33.1	エントリー		
↓FS2	90.25	27.9	12	FS2ストップ	3.3
↓FS3	89.86	14.8	51	FS3ストップ	7.5
↓FS4	89.47	7.7	90	FS4ストップ	6.9

先ほどと同じ考え方で、「前日が陽線」パターンの確率表を使った場合のトレードを組み立ててみましょう（前ページの表）。

　これを元に、計算上のリスクとリターンと真のリスクと真のリターンを計算しました。

　右表でみると、真のリスクが最小となるのはFS2でストップを置いた3.3となり、真のリターンが最大となるのはFR1でリミットを置いた50.9となります。

	確率なし	陽線
FR4リミット	190	17.5
FR3リミット	151	27.9
FR2リミット	112	46.1
FR1リミット	101	50.9
PIVOTリミット	50	38.4
FS1	エントリー	
FS2ストップ	12	3.3
FS3ストップ	51	7.5
FS4ストップ	90	6.9

　先ほどの全体パターンの場合よりかなり期待値が上昇しているのがわかります。

　最後に「全体」「陽線」「陽線＋陽線」「陽線＋陰線」の4つの「真のリスク・リターン」をまとめてみました。

	確率なし	全体	陽線	陽線＋陽線	陽線＋陰線
FR4リミット	190	13.7	17.5	18.0	17.1
FR3リミット	151	22.5	27.9	26.8	28.7
FR2リミット	112	36.8	46.1	45.6	46.6
FR1リミット	101	42.0	50.9	48.6	52.8
PIVOTリミット	50	38.3	38.4	39.7	37.3
FS1	エントリー				
FS2ストップ	12	4.5	3.3	3.8	2.8
FS3ストップ	51	10.4	7.5	7.9	7.3
FS4ストップ	90	9.6	6.9	5.2	8.4

　4つのパターンの真のリスク・リターンを見てみると、ローソク足の組み合わせにより、期待値が異なることがわかります。フィボナッチPIVOTを使ったトレードでは、そういうチャンスを待つことが非常に大切だといえます。

ピボット値でのエントリーの場合

ここまでのケースは、トレンドが上方向の場合にFS1でエントリーした場合の真のリスク・リターンについて検証してきました。

ここでは、同じケースの場合に、ピボット値、FS2でエントリーした場合にどうなるかを確認してみたいと思います。

最初に、エントリーポイントをピボット値とした場合を見てみましょう。

ロングエントリーの場合（フィボナッチポイントを使ったリスク・リターンの計算）
前日陽線　①FS1でエントリーの場合

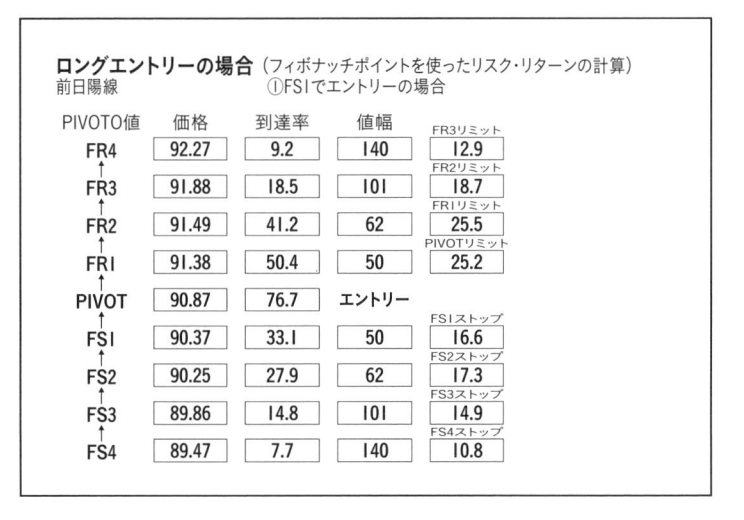

PIVOT0値	価格	到達率	値幅	
FR4	92.27	9.2	140	FR3リミット 12.9
FR3	91.88	18.5	101	FR2リミット 18.7
FR2	91.49	41.2	62	FR1リミット 25.5
FR1	91.38	50.4	50	PIVOTリミット 25.2
PIVOT	90.87	76.7	エントリー	
FS1	90.37	33.1	50	FS1ストップ 16.6
FS2	90.25	27.9	62	FS2ストップ 17.3
FS3	89.86	14.8	101	FS3ストップ 14.9
FS4	89.47	7.7	140	FS4ストップ 10.8

到達率は同じで、それぞれの利食い、損切りポイントについては、値幅が異なるため、計算し直しています。

計算上のリスクとリターンと真のリスクと真のリターンは次ページ上の表のとおりです。

この表でみると、真のリスクが最小なのはFS4でストップを置いた10.8となり、真のリターンが最大なのはFR2でリミットを置いた25.5となります。

FS1とピボット値でエントリーした場合を比較してみましょう（右下表）。

FS1でエントリーした場合の最適リターンでの期待値は50.9pipsで、ピボット値でエントリーした場合の最適リターンでの期待値は25.5pipsとなっています。

ピボット値でエントリーした場合は、FS1でエントリーした場合より「浅いエントリー」のため、当然のことながらリターンが小さくなっています。

また、リスク値もFS1でエントリーしたときよりピボット値でエントリーしたほうが全体的に高い傾向があります。

ここからいえるのは、ピボット値でのエントリーは最高のエントリーポイント（FS1）よりも効率は悪いということです。したがって、実際に想定される場面としては、「トレンドがかなり強く、FS1まで押し目がくるのを待てない」といったときに行なうというケースでしょう。

	確率なし	陽線
FR4リミット	140	12.9
FR3リミット	101	18.7
FR2リミット	62	25.5
FR1リミット	50	25.2
PIVOT	エントリー	
FS1ストップ	50	16.6
FS2ストップ	62	17.3
FS3ストップ	101	14.9
FS4ストップ	140	10.8

	到達率(%)	FS1エントリー	PIVOTエントリー
FR4	9.2	17.5	12.9
FR3	18.5	27.9	18.7
FR2	41.2	46.1	25.5
FR1	50.4	50.9	25.2
PIVOT	76.7	38.4	エントリー
FS1	33.1	エントリー	16.6
FS2	27.9	3.3	17.3
FS3	14.8	7.5	14.9
FS4	7.7	6.9	10.8

✓FS2でのエントリーの場合

次に、FS2でエントリーした場合を見てみましょう。

ロングエントリーの場合（フィボナッチポイントを使ったリスク・リターンの計算）
前日陽線　　　　　　　　①FS1でエントリーの場合

PIVOTO値	価格	到達率	値幅	
FR4	92.27	9.2	202	FR4リミット 18.6
FR3	91.88	18.5	163	FR3リミット 30.2
FR2	91.49	41.2	124	FR2リミット 51.1
FR1	91.38	50.4	113	FR1リミット 57.0
PIVOT	90.87	76.7	62	PIVOTリミット 47.6
FS1	90.37	33.1	12	F31リミット 4.0
FS2	90.25	27.9	エントリー	
FS3	89.86	14.8	39	FS3ストップ 5.8
FS4	89.47	7.7	78	FS4ストップ 6.0

　これを元に、計算上のリスクとリターン、真のリスクと真のリターンを計算しました（右表）。

　FS2でエントリーした場合、真のリスクが最小となるのはFS3でストップを置いた5.8となり、真のリターンが最大となるのはFR1でリミットを置いた57.0となります。

	確率なし	陽線
FR4リミット	202	18.6
FR3リミット	163	30.2
FR2リミット	124	51.1
FR1リミット	113	57.0
PIVOTリミット	62	47.6
FS1リミット	12	4.0
FS2	エントリー	
FS3ストップ	39	5.8
FS4ストップ	78	6.0

　これは数字だけをみると最も有利なトレードのようにもみえます。

　しかし、現実の場面を考えると、必ずしもそうとはいえません。前日陽線の確率表を使ったエントリーポイント別のリスク・リターンをまとめてみましたので、ご覧ください。

	到達率(%)	FS1エントリー	PIVOTエントリー	FS2エントリー
FR4	9.2	17.5	12.9	18.6
FR3	18.5	27.9	18.7	30.2
FR2	41.2	46.1	25.5	51.1
FR1	50.4	50.9	25.2	57.0
PIVOT	76.7	38.4	エントリー	47.6
FS1	33.1	エントリー	16.6	4.0
FS2	27.9	3.3	17.3	エントリー
FS3	14.8	7.5	14.9	5.8
FS4	7.7	6.9	10.8	6.0

　先ほども書いたように、最も期待リターンが大きいのは、FS2でエントリーした場合ですが、実際問題として、「陽線」パターンでのFS2でエントリーできる確率は27.9％と高くありません。

　一方、FS1への到達率は33.1％と、3日に1回程度の確率でオーダーがヒットすることになります。また、リスク・リターンも「33：50.9」と非常に「損小利大」のトレード結果が期待できます。

　実戦のトレードにおいては、成功率が高いとしても、トータルの利益が少なければ勝ちとはいえません。トータルの利益を積み上げていくためには、トレードの頻度が多いということも大切な要素となります。したがって、しろふくろうであればこの場合、FS1をエントリーポイントとして選択すると思います。

　実戦においては、このように、エントリー頻度と真のリスク・リターンのバランスを加味しながら戦術を組み立てることが大切だといえます。

PART 8
メタトレーダーでPIVOTトレードを実践しよう！

Lesson 1

メタトレーダーは最高のトレードツールだ!

✓ 高性能チャートソフトを誰でも無料で使える

　しろふくろうは著書『FXメタトレーダーで儲けるしろふくろうのスーパー投資術』(日本実業出版社)でも書いたように「メタトレーダー」というチャートソフトを使ってトレードを行なっています。

　そして、この本で画像として取り上げたチャートもすべてメタトレーダーのものとなっています。

　PART 5で紹介したトレンドステップチャートもメタトレーダーならではの「マルチタイムフレーム」機能を使ったチャートシステムです。

　したがって、本書に書いたことを読者のみなさんが実際に活用されるのであれば、しろふくろうと同じようにメタトレーダーを使うのがいちばん簡単です(メタトレーダーを使わない場合、ひまわり証券の情報コンテンツで使えることについては後述します)。

　したがって、PART 8では、実際にこの本で使ったチャートを再現できるように、しろふくろうオリジナルのメタトレーダー用の「インディケーター」をダウンロードして使えるように準備いたしました。

まだメタトレーダーをお使いでない方も、ぜひメタトレーダーをダウンロードして、フィボナッチPIVOTゾーンとトレンドステップチャートシステムをご活用いただければと思います。

さて、「メタトレーダー」という名前を初めて聞いた方のために、ここで少しだけメタトレーダーについて説明させてください。

※すでにメタトレーダーをお使いの方は、この部分は飛ばしていただいて結構です。

メタトレーダーは、かつて高価なチャートソフトでしかできなかったような高度な機能を備えた、高機能チャートソフトです。しかも、いくつかのFX会社にデモ口座や本口座を開くことによって、誰でも無料で使うことができます（FX会社によってはデモ口座に期限がありますが、簡単に延長することができます）。

以下、長年メタトレーダーを愛用しているしろふくろうが、思いつくままにメタトレーダーのメリットを上げてみました。

- **無料で使えること！**
  知人の現役ディーラーの方にもメタトレーダーを紹介したことがありますが、これだけのチャートシステムが無料であることに驚いていました。ITの進歩に感謝です！
- **パソコンのスペックをあまり求めない！**
  非常に高機能なチャートソフトであるにもかかわらず、少し古いノートパソコンやネットブック等でも軽快に動きます。
- **通信の負荷が小さく、チャートの動きが速い！**
  パソコンにインストールするタイプのチャートソフトで、プライ

スデータのみを通信で取得するため、チャートの値動きが速いのが特徴です。

- **オリジナルのチャートシステムが構築できる！**
カスタムインディケーターを駆使することにより、自分の思いどおりのチャートを構築することができます。本書で紹介したフィボナッチPIVOTゾーンやトレンドステップチャートシステムも、この機能を用いて実現しています。
- **開発言語が公開されているので、独自のテクニカルツールがつくれる**
これは上級者向けの機能ですが、興味のある人は『FXメタレーダー入門』(パンローリング)などの書籍を読むとよいでしょう。
- **EA（Expert Advisor）を組み込むことにより、標準で自動売買にも対応できる！**

※自動売買は、販売されているものを購入して使っても期待どおりのパフォーマンスが得られるとは限りません。自動売買の構築には十分な経験と事前の研究が必要です。

- **メタトレーダーを使ってリアルトレードができる**
現時点において日本国内で3社、海外では60社を超えるFX会社がメタトレーダーをトレードプラットフォームとして採用しています。それらの業者に口座を開設すれば、自分がカスタマイズしたメタトレーダーのチャート上から、そのまま注文や口座管理などを行なうことができます。

　メタトレーダーは非常に大きな可能性を秘めた優れたチャートソフトです。
　しろふくろうも、メタトレーダーを使い始めてから5年近くが経ちましたが、本当にいまではメタトレーダーなしのトレードは考えられません。

ニュースや情報の質やスピードでは、個人投資家はプロのトレーダーと対等に戦うことはできません。
　しかし、チャートに関してはメタトレーダーを駆使することによりプロのトレーダーに劣らない環境を構築することができ、同じ土俵に立てるのです。

✓インストールは簡単

　初めてメタトレーダーを使う方のために、「メタトレーダー4」をダウンロードしてパソコンにインストールする方法をご説明します。

　すでにメタトレーダーをインストールしたことがある方は、この部分は飛ばして次にお進みください。

　今回は日本国内でメタトレーダーを採用しているFX会社「FOREX.com」のサイトからメタトレーダーをダウンロードする方法をご紹介します。

　以下の手順どおりに進めて、メタトレーダー4をダウンロードして、インストールしてみましょう。

①FOREX.comのホームページからメタトレーダーをダウンロードするページ（http://jp.forex.com/jp/metatrader/services/demo_account.shtml）を表示します。

　サイトが表示されたら、「無料デモ取引」のボタンをクリックします。

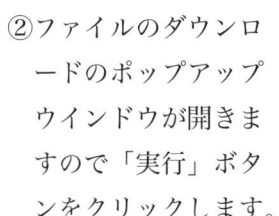

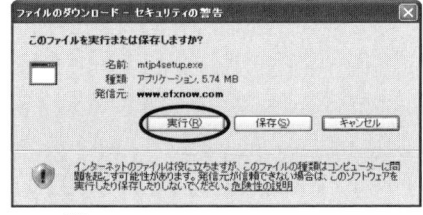

②ファイルのダウンロードのポップアップウインドウが開きますので「実行」ボタンをクリックします。

③次にこのような画面が開くので「実行する」ボタンをクリックします。

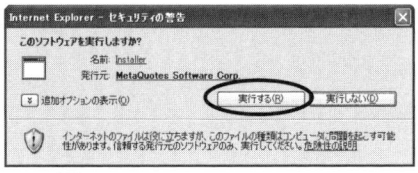

④言語選択で「日本語」が選択されていることを確認して「次へ>」ボタンをクリックします。

⑤警告画面が出ますが、そのまま「次へ>」ボタンをクリックします。

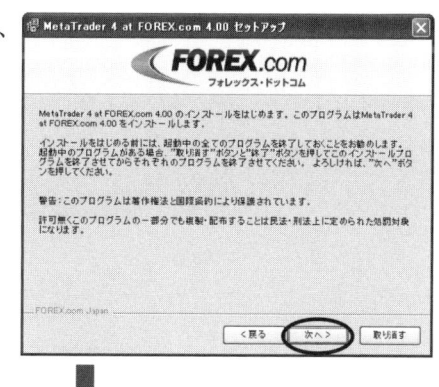

⑥ライセンス合意の画面で、「はい。すべてのライセンス条項に同意します。」の□にチェック(✓)を入れ「次へ>」ボタンをクリックします。

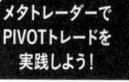

⑦インストール先の確認画面が出ますが、通常はこのままにして「次へ>」ボタンをクリックします。

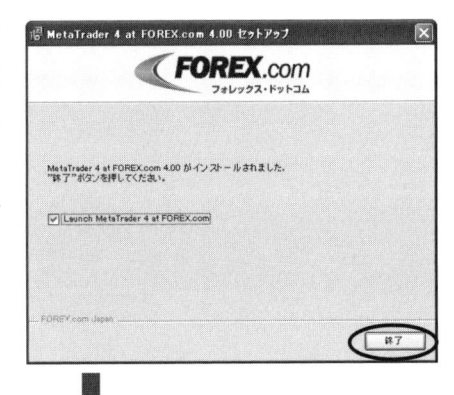

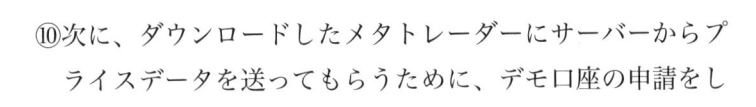

⑧最終確認画面が出ますので、そのまま「次へ>」ボタンをクリックしてインストールを開始します。

⑨インストールが無事完了するとこの画面が出ます。「終了」ボタンをクリックすると、メタトレーダーが起動します。

⑩次に、ダウンロードしたメタトレーダーにサーバーからプライスデータを送ってもらうために、デモ口座の申請をします。

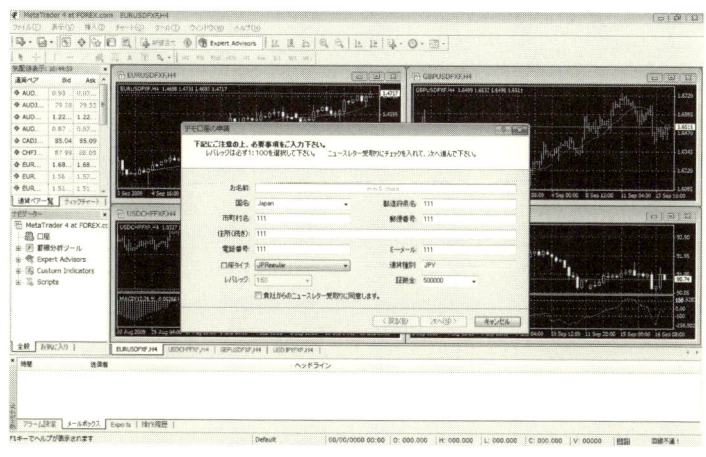

メタトレーダーが起動すると、「デモ口座の申請」画面が開きます。国名は「Japan」のままでOKです。必要事項を入力します。デモ口座については口座タイプ、レバレッジ、証拠金について自由に設定することができますが、通常は何も変えなくてOKです。「貴社からのニュースレター受取に同意します。」の□にチェック（✓）を入れて「次へ＞」ボタンをクリックします。

⬇

⑪『完了』ボタンをクリックしてデモ口座の開設は完了です。

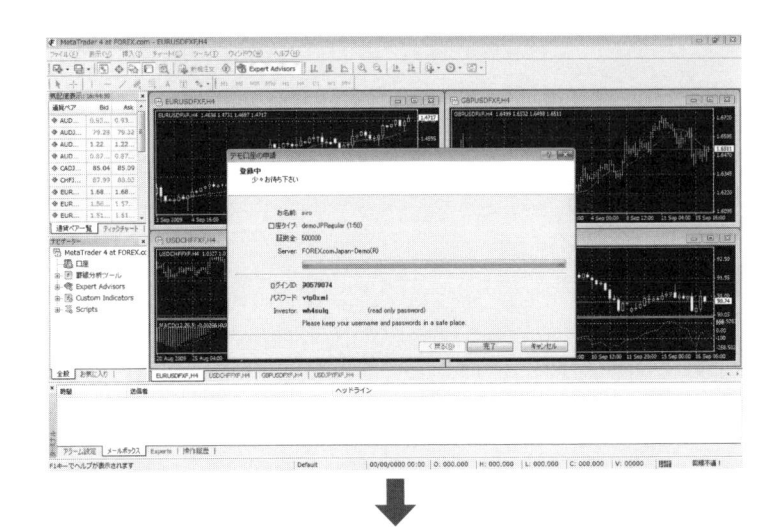

⑫チャートが動き出して「○の部分」の数字が表示されれば無事インストールが完了です。

※このとき、○の部分に「回線エラー」と表示されているときは、サーバーとの接続がうまくいっていない可能性があります。再度デモ口座の申請画面から入力内容をご確認ください。

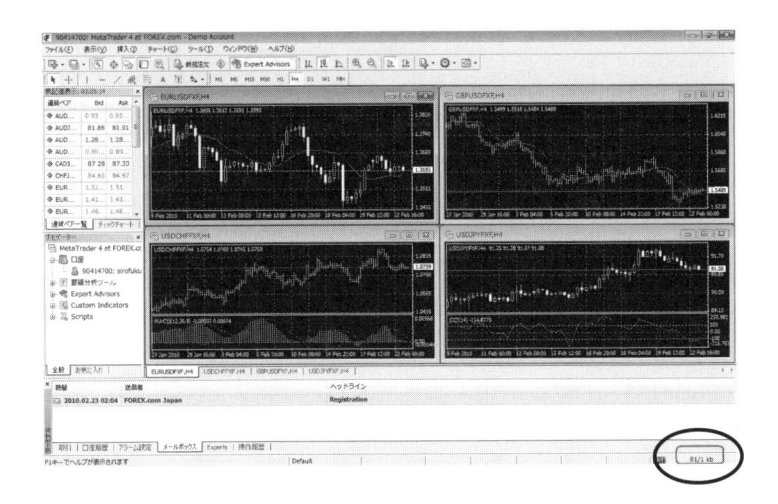

お疲れ様でした！

これでメタトレーダーを使う準備が整いました。

次にこのメタトレーダー上に、トレンドステップチャートを表示してみましょう。

Lesson 2

インディケーターを入れて「最強のテクニカル」を使おう!

✓まずはインディケーターのダウンロードから

いよいよ、トレンドステップチャートをメタトレーダーにインストールしてみます。

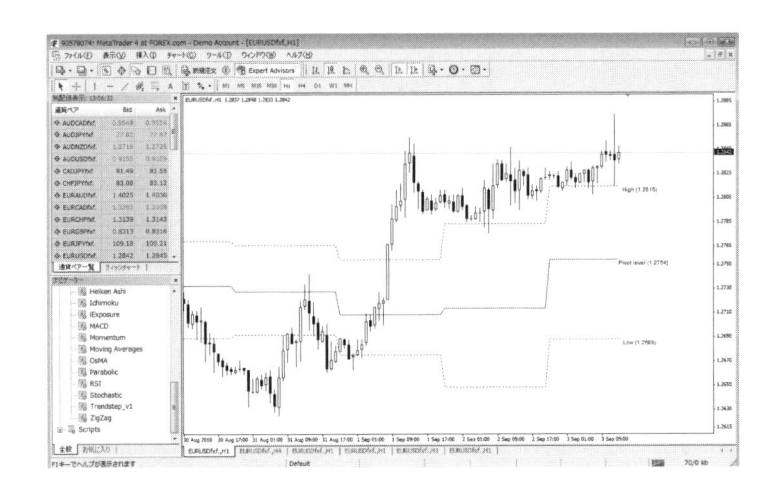

画面は先ほどインストールしたFOREX.comのメタトレーダー4にトレンドステップチャートを表示したところですが、メタトレーダーに標準でトレンドステップチャートは備えられていませんので、表示するまでには少し作業が必要になり

ます。
　最初に、次のURL（https://FX7-signal.com/downlode/）にアクセスして、インディケーターをダウンロードし、デスクトップ等に保存してください。

サイトにはパスワードがかけられていますので、

ID（ユーザー名）：trend
PWD（パスワード）：gtxv13（ジー、ティー、エックス、ブイ、13）

を入力してログインしてください。
　今回ダウンロードするファイルは、次の4つのファイルになります。

- Fibo_zone_v1.ex4
- Trendstep_v1.ex4
- daytrade_1.tpl
- swingtrade_1.tpl

※サイトにはもう一つ、pivotzone_trendstep.eqpというファイルが置いてありますが、これは後で解説するひまわり証券のトレードシグナルで使うものですので、メタトレーダーでは使用しません。

　まずは、この4つのファイルをデスクトップなどに保存してください（圧縮してあるので、解凍してください）。
　次に、このうちの2つ（Fibo_zone_v1.ex4、Trendstep_v1.ex4）をメタトレーダーにインストールします。インディケーターが上手く動かない原因は、このインストール時の間違いによるものがほとんどですので注意してください。

一度覚えてしまえば決してむずかしくはありませんので、流れに沿ってゆっくりと実施してみてください。

✓手順に沿って確実にインストール

まずはインディケーターの設置場所（フォルダ）ですが、

Cドライブ
⬇
Program Files
⬇
Meta Trader4 at FOREX.com
⬇
experts
⬇
indicators

となります。

ちょっとむずかしいので、以下では実際のパソコンの画面に沿って説明してみたいと思います。

①マイコンピュータを開いて、「ハードディスクドライブ」の「ローカルディスク（C）」を選択し、ダブルクリックします（画像はWindowsVistaの場合）。

※最初のダウンロードの際、何も変更しなければこのなかにメタトレーダー4がインストールされています。

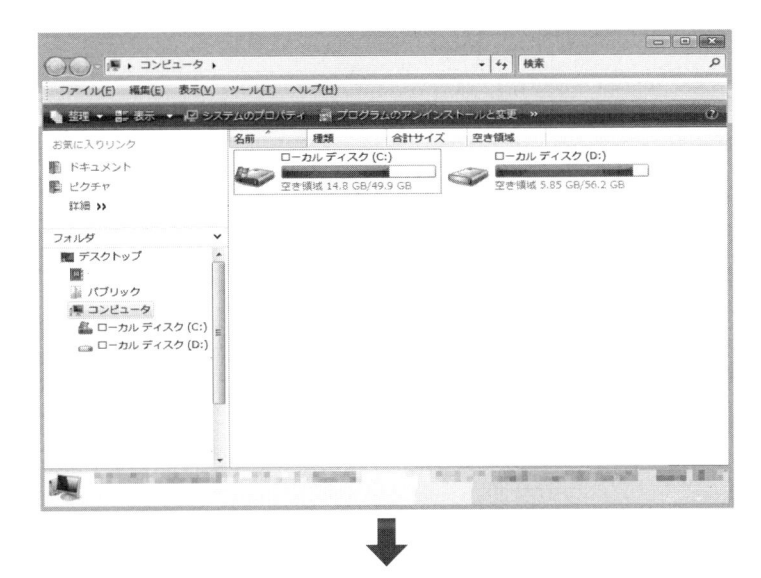

②「Cドライブ」を開いたら、次に「Program Files」を選択し、ダブルクリックします。

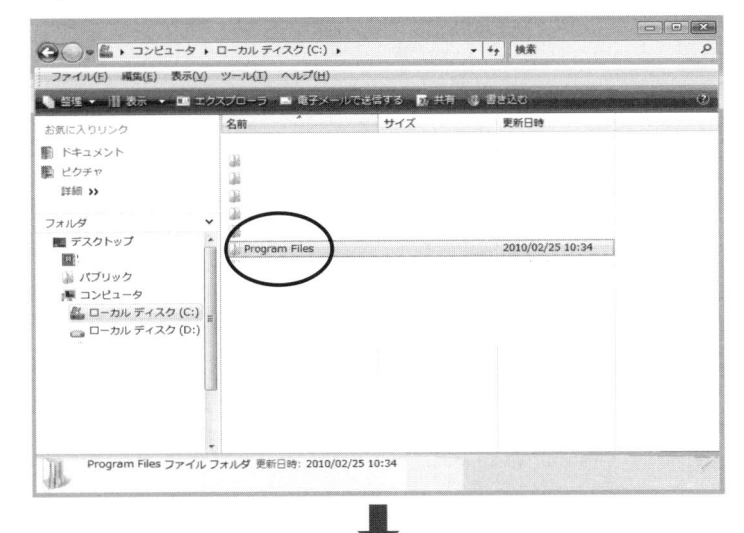

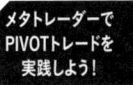

③次に、「MetaTrader4 at FOREX.com」を探し、ダブルクリックします。

④「experts」という名前のフォルダを選択し、ダブルクリックします。

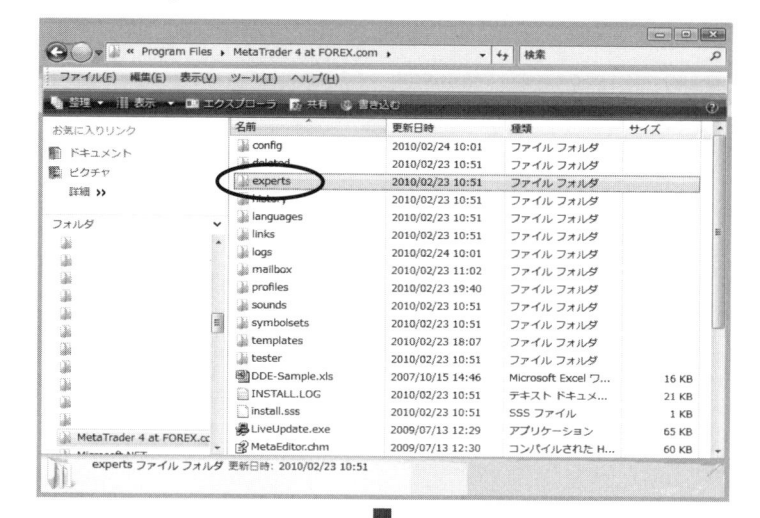

⑤次に、「indicators」という名前のフォルダを選択し、ダブルクリックします。

⑥「indicators」フォルダが開いたら、その上に、先ほどダウンロードしてデスクトップに保存したインディケーター（Fibo_zone_v1.ex4、Trendstep_v1.ex4）をコピーします。

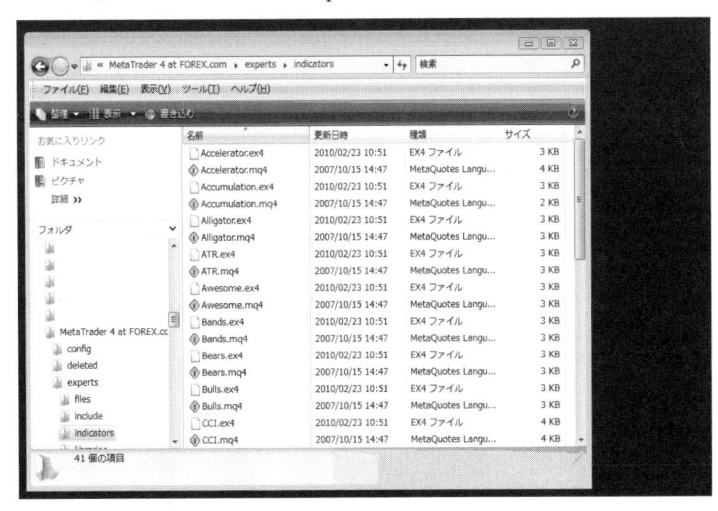

以上でインディケーターのインストールは完了です！

早速メタトレーダーでトレンドステップチャートを表示してみましょう。

✓デイリートレンドステップを表示する

先ほどインストールした「Trendstep_v1」インディケーターが正しくインストールされると、左側のナビゲーターウインドウに「Trendstep_v1」が表示されます。

次にナビゲーターウインドウの「Trendstep_v1」を選択して、チャート上にドラッグします（①）。

①

画面の中央にポップアップウインドウが開くので、そのまま「OK」ボタンをクリックします（②）。

②

チャート上に青色の3本の線が表示されます（③）。

③

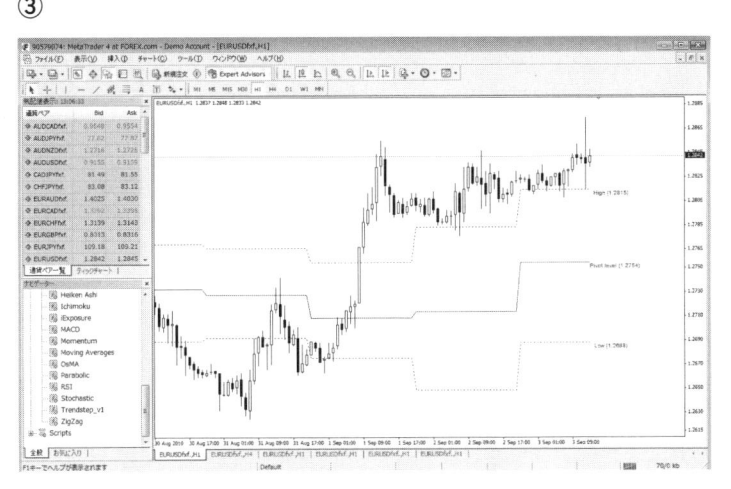

この3本の線が、デイリートレンドステップとなります。

デイリートレンドステップでは4時間足以下のタイムフレームのチャートをご使用ください。

次に、短期トレードで使う4Hトレンドステップを表示してみましょう。

先ほどナビゲーターウインドウの「Trendstep_v1」をチャート上にドラッグした際、ポップアップウインドウが開きました（④）。

デイリートレンドステップの場合は、そのまま「OK」ボタンをクリックしましたが、4Hトレンドステップを表示する場合にはタイムフレームを変更する必要があります。

ポップアップウインドウが開いたら「パラメータの入力」タブを選択します（④-1）。

いちばん上のTimeFrameがデフォルト（初期値）では「1440」になっていますが、ここに「240」と入力します（④-2）。

④

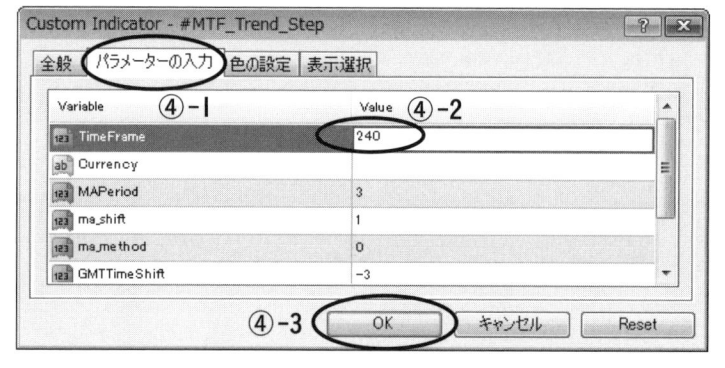

入力後「OK」ボタンをクリックします（④-3）。

⑤

チャート上に今度は「グレー」の3本の線で4Hトレンドステップが表示されました（⑤）。

4Hトレンドステップでは1時間足以下のタイムフレームのチャートをご使用ください。

✓ウィークリートレンドステップを表示する

最後に長期のトレンド判断に役立つウイークリートレンドステップを表示してみましょう。

ウイークリートレンドステップは週足の高値、安値、終値をもとに計算しています。

4時間足のときはナビゲーターウインドウの「Trendstep_v1」をチャート上にドラッグした際、ポップアップウインドウのパラメータ入力画面でTimeFrameに「240」と入力しましたが、ウイークリーの場合は同様の手順でここに「10080」と入力します（次ページ①）。

①

入力が終わったら「OK」ボタンをクリックします。

②

チャート上に今度は「赤色」の3本の線でウイークリートレンドステップが表示されました（②）。

ウイークリートレンドステップでは日足以下のタイムフレームのチャートをご使用ください。

なお、今回ご紹介した「Trendstep_v1」は一般的なメタト

レーダーのサーバータイムに合わせてつくっています。

　この本でご紹介したFOREX.com、あるいはODLのメタトレーダーなどでは、とくに他のパラメータを変更する必要はありません。

　しかし、FXDDのメタトレーダーの場合、通常とサーバータイムがずれているため、「パラメータ入力」タブで「GMTTimeShift」の数値を「0」に指定する必要がありますのでご注意ください。

✓2つのトレンドステップを組み合わせたチャート

　次ページの画面のチャートはユーロドルの1時間足チャートに4Hトレンドステップとデイリートレンドステップを表示したチャートです。

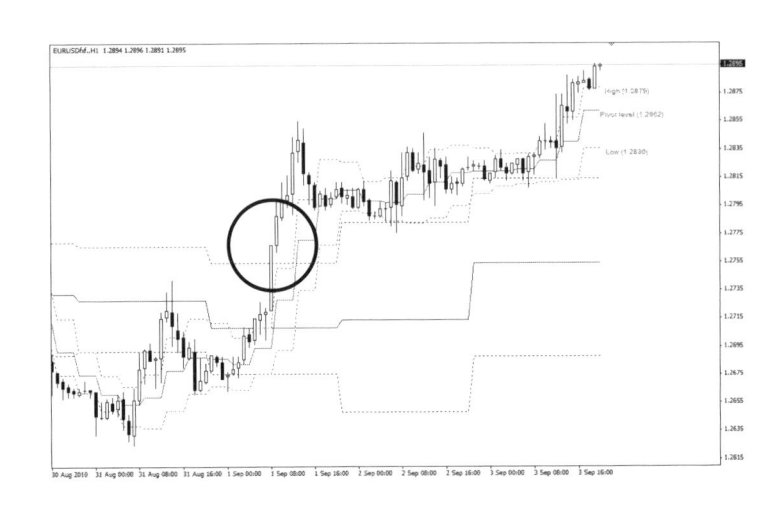

チャートでは〇の部分でデイリートレンドステップのハイラインを超えてユーロドルが強気転換しています。

デイトレードではその後4Hトレンドステップを使ってエントリーのタイミングを見つけていきます。

もう一つ、次のチャートは、ユーロドルの4時間足チャートにデイリートレンドステップとウイークリートレンドステ

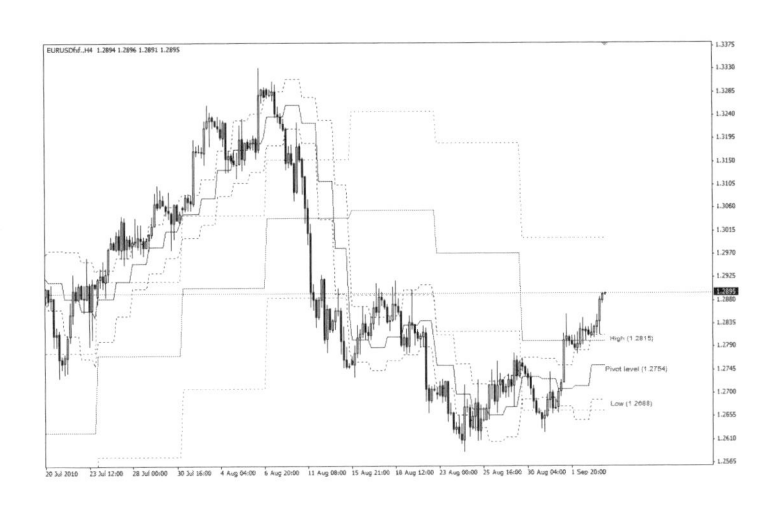

ップを表示したものです。

　デイリートレンドステップは上昇に転じましたが、ウイークリートレンドステップはシンクロして下げトレンドを続けており、2つのタイムフレームでトレンド方向が違うことが確認できます。

　このように2つのトレンドステップの方向が異なるときはもう少しチャートの進行を見極めたいところです。

　トレンドステップでは、実際にトレードするタイムフレームと上位のタイムフレームを組み合わせて活用することにより、トレンド方向やサポート＆レジスタンスを一つのチャートで確認することができます。

　みなさんのアイデアでいろいろと活用法を考えてみてください。

✓フィボナッチPIVOTゾーンを表示する

　続いてこの本で使ったフィボナッチPIVOTゾーンをメタトレーダーで表示してみましょう。

　トレンドステップインディケーターと同じように、フィボナッチPIVOTゾーンインディケーターのインストールが成功すると、ナビゲーターウインドウに「Fibo_zone_v1」が確認できると思います。

　これを選択し、チャート上にドラッグします（次ページ①）。

①

画面の中央にポップアップウインドウが開くので、そのまま「OK」ボタンをクリックします（②）。

②

チャート上にデイリーのフィボナッチPIVOTゾーンが表示されます（③）。

③

チャート上にはデフォルト（初期値）で薄いピンク色のRESISTANCE ZONE2とSUPPORT ZONE2、水色でRESISTANCE ZONE1とSUPPORT ZONE1、そして中央に青色でピボット値が表示されます。

パラメータを変更することにより、それぞれの色を変更することも可能です。

デイリーのフィボナッチPIVOTゾーンは4時間足以下のタイムフレームでご使用ください。

次に、ウイークリーのフィボナッチPIVOTゾーンを表示させてみましょう。

フィボナッチPIVOTゾーンのインディケーターはデフォルトでは日足のフィボナッチPIVOTゾーンとなりますが、トレンドステップと同じようにパラメータのセッティングを変更することにより、ウイークリーのフィボナッチPIVOTゾーンを表示することができます。

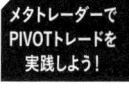

ナビゲーターウインドウの「Fibo_zone_v1」をチャート上にドラッグした際、ポップアップウインドウのパラメータ入

力画面が出ましたが、ウイークリーの場合は下から3段目のPeriod_1に「10080」と入力し、「OK」ボタンをクリックします。

チャート上にウイークリーのフィボナッチPIVOTゾーンが表示されました。

ウイークリーのフィボナッチPIVOTゾーンでは日足以下のタイムフレームのチャートをお使いください。

なお、今回ご紹介した「Fibo_zone_v1」も、「Trendstep_v1」と同じようにFXDDメタトレーダーではサーバータイムを変更する必要があります。

「パラメータ入力」タブで「GMTTimeShift」の数値を「0」（初期値＝3）を入力してお使いください。

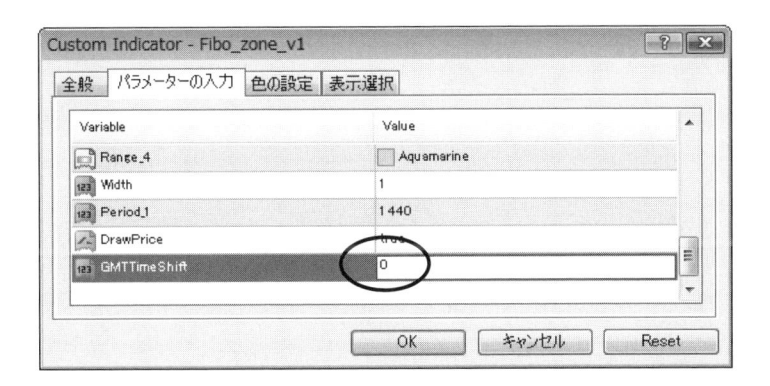

これでメタトレーダー上にトレンドステップとフィボナッチPIVOTゾーンを表示することに成功しました。

PART 6でトレンドステップとフィボナッチPIVOTゾーンを組み合わせた総合戦術をご紹介しましたが、この2つのインディケーターを組み合わせることによりこのチャートを再現することができます。

デイトレードとスイングトレードに分けて、以下で解説します。

✓デイトレードモデル

こちらは、4HトレンドステップとデイリーのフィボナッチPIVOTゾーンを組み合わせたデイトレード用のチャート設定です。

表示させる方法は、ナビゲーターウインドウにある「Trend step_v1」(TimeFrameに240を入力)と「Fibo_zone_v1」(デフォルト値)をチャート上にドラッグするだけです。

　あるいは、215ページでダウンロードした「daytrade_1.tpl」というテンプレートファイルをメタトレーダーにインストールして、そのまま「定型チャート」として表示する方法もあります。

　メタトレーダーにテンプレートファイルをインストールするには、以下の場所(フォルダ)にテンプレートファイルをコピーします。

Cドライブ
⬇
Program Files
⬇
Meta Trader4 at FOREX.com
⬇
templates

※先ほどインディケーターファイルをコピーした「experts」フォルダの中にも「templates」というフォルダがあるので、間違えないようにしてください。

インストールした後、「定型チャート」として表示するには、メタトレーダーを立ち上げてチャートを表示している状態で、「チャート」→「定型チャート」→「daytrade 1」を選択したらOKです。

実際にこのチャート設定を使う際の推奨時間軸は5分足〜1時間足となります。

✓スイングトレードモデル

もう一つは、デイリートレンドステップとウイークリーのフィボナッチPIVOTゾーンを組み合わせたスイングトレード用のチャート設定です。

こちらも表示方法は、ナビゲーターウインドウにある「Trendstep_v1」(デフォルト値)と「Fibo_zone_v1」(Period_1に10080を入力)をチャート上にドラッグするだけです。

あるいは先ほどのデイトレードモデルと同様の手順で、「定型チャート」として表示することもできます。

このチャートシステムを使う際の推奨時間軸は30分足〜4時間足となります。

◇　　　◇　　　◇

このように、メタトレーダーを使うと、既存のFX会社のチャートシステムではつくれなかったものであっても、自分のアイデア次第で思いどおりのチャートをつくることができます。

本書はメタトレーダーの解説書ではないため、解説は要点のみに絞らせていただきましたが、メタトレーダーの魅力はこんなものではありません。

初めてメタトレーダーを知った方で、もっと詳しくメタトレーダーについて勉強したいと思われた方はぜひ『FXメタトレーダーで儲けるしろふくろうのスーパー投資術』をご一読ください。

実際にしろふくろうが使っているチャートシステムは、本書でご紹介したトレンドステップとフィボナッチPIVOTゾーン、『FXメタトレーダーで儲けるしろふくろうのスーパー投資術』で紹介しているCCIを組み合わせたものです。

それらを使いこなせるようになれば、少なくともしろふくろうと同じ条件ですから、きっとFXで勝って儲けることができるようになります！

※この本で紹介し、ダウンロードできるように用意したインディケーターはしろふくろうが独自に制作したもので、著作権はしろふくろうFX研究所が所有しています。

許可なく個人で使用する範囲を超えて商用目的で使用することや転売等はお控えくださいますようお願いいたします。

Lesson 3
メタトレーダー以外で2つのチャートを使う方法

✓ ひまわり証券の「トレードシグナル」に装備

　実はメタトレーダーを使わなくとも、トレンドステップとフィボナッチPIVOTゾーンを使うことができるFX会社があります。

　ひまわり証券の「トレードシグナル（http://sec.himawari-group.co.jp/systemtrade/outline/tradesignal/）」では、インディケーターをインストールすることによって、トレンドステップチャートとフィボナッチPIVOTゾーンを使うことができます。

　「トレードシグナル」はインディケーターの表示だけでなく、自動売買システムの構築も可能なシステムですから、興味がある方はぜひともアクセスしてみてください。

　インディケーターの詳しいインストール方法は、先ほどのダウンロードサイトのなかにPDFファイルの説明書がありますので、そちらをご参照ください。実際の表示例については、次ページの画像をご参照ください。

● トレンドステップチャート表示例

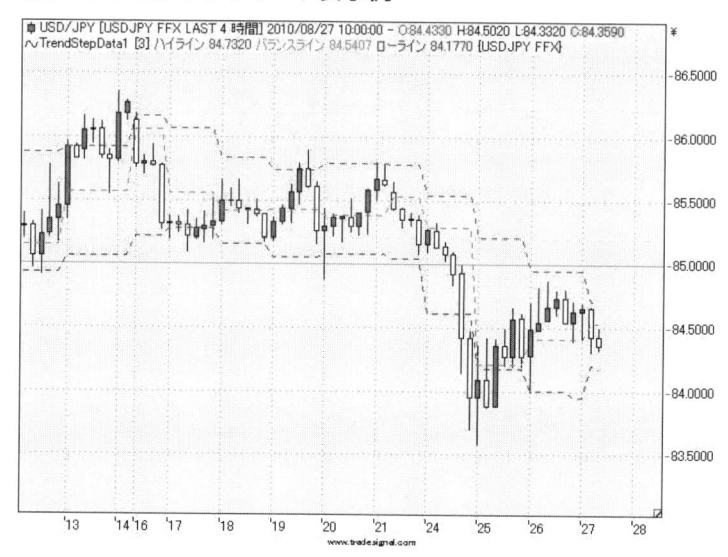

● フィボナッチPIVOTゾーン表示例

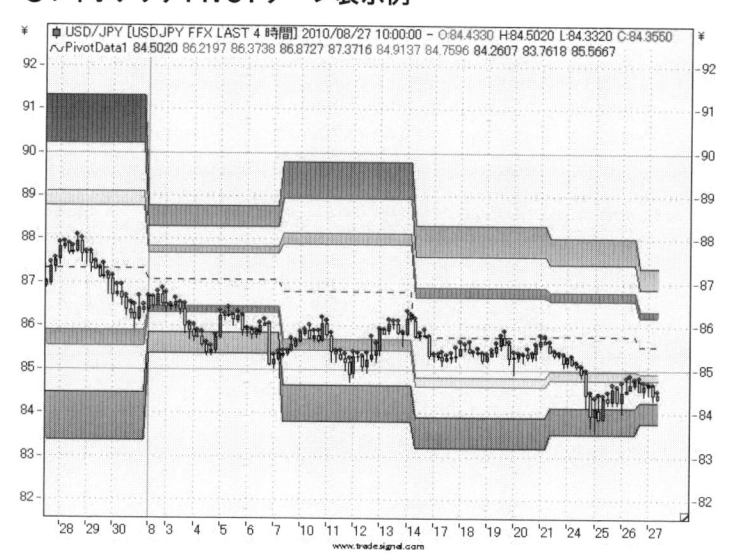

●「前日が陽線」

到達率	6通貨計	最大値	最小値	ドル円	ユーロ円	豪ドル円	ドルスイス	ユーロドル	ポンドドル
FR4(1.382)	9.0	11.0	7.4	9.2	9.2	7.5	7.4	11.0	10.1
FR3(1.000)	19.8	22.5	17.6	18.5	17.6	21.7	17.6	22.5	21.2
FR2(0.618)	45.1	48.5	41.2	41.2	46.6	48.0	41.4	44.8	48.5
FR1(0.5)	56.7	59.9	50.4	50.4	59.9	59.2	53.6	58.2	58.4
PIVOT	75.5	79.9	73.0	76.7	74.0	73.0	79.9	75.5	74.1
FS1(0.5)	32.2	35.6	28.4	33.1	31.3	28.4	35.6	32.5	33.1
FS2(0.618)	25.5	28.6	22.2	27.9	26.1	22.2	28.6	24.5	23.8
FS3(1.000)	13.0	14.8	11.5	14.8	11.5	13.1	14.1	13.1	11.7
FS4(1.382)	6.4	7.7	5.1	7.7	6.9	6.1	7.4	5.2	5.1

●「前日陽線＋前々日陽線」

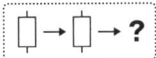

到達率	6通貨計	最大値	最小値	ドル円	ユーロ円	豪ドル円	ドルスイス	ユーロドル	ポンドドル
FR4(1.382)	9.5	13.5	7.1	9.5	10.0	7.4	7.1	13.5	10.2
FR3(1.000)	19.9	25.3	17.2	17.8	18.2	19.6	17.2	25.3	21.7
FR2(0.618)	45.9	50.4	40.7	40.7	46.8	48.7	40.8	46.7	50.4
FR1(0.5)	56.6	61.4	48.1	48.1	59.5	59.9	53.8	55.5	61.4
PIVOT	77.9	82.8	72.8	79.3	77.3	77.9	82.8	77.7	72.8
FS1(0.5)	33.8	38.2	31.7	38.2	33.8	31.7	33.6	34.1	32.3
FS2(0.618)	26.5	32.0	24.0	32.0	27.5	24.4	27.7	24.0	24.0
FS3(1.000)	12.9	15.4	9.7	15.4	9.7	13.8	15.1	10.9	12.6
FS4(1.382)	6.1	8.8	4.4	5.8	6.3	5.1	8.8	4.4	6.3

●「前日陽線＋前々日陰線」

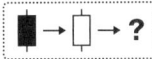

到達率	6通貨計	最大値	最小値	ドル円	ユーロ円	豪ドル円	ドルスイス	ユーロドル	ポンドドル
FR4(1.382)	8.5	10.0	7.5	9.0	8.2	7.7	7.5	8.9	10.0
FR3(1.000)	19.8	24.3	16.9	19.0	16.9	24.3	17.9	20.1	20.7
FR2(0.618)	44.3	47.1	41.6	41.6	46.3	47.1	41.9	43.1	46.6
FR1(0.5)	56.7	60.6	52.3	52.3	60.4	58.3	53.4	60.6	55.4
PIVOT	73.2	77.4	67.2	74.6	70.6	67.2	77.4	73.6	75.3
FS1(0.5)	30.7	37.3	24.3	28.7	28.6	24.3	37.3	31.2	33.9
FS2(0.618)	24.5	29.4	19.7	24.4	24.7	19.7	29.4	24.9	23.5
FS3(1.000)	13.2	14.9	10.8	14.3	13.3	12.4	13.3	14.9	10.8
FS4(1.382)	6.7	9.3	4.0	9.3	7.5	7.3	6.1	5.9	4.0

巻末データ

通貨別にみた日足ピボットポイントへの到達率

巻末データ

通貨別にみた日足ピボットポイントへの到達率

● 「前日が陰線」 ▮→?

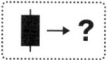

到達率	6通貨計	最大値	最小値	ドル円	ユーロ円	豪ドル円	ドルスイス	ユーロドル	ポンドドル
FR4(1.382)	6.1	7.7	5.1	5.2	5.8	5.1	7.7	6.9	6.0
FR3(1.000)	13.6	17.2	11.0	11.1	11.0	13.5	17.2	15.4	13.3
FR2(0.618)	27.9	31.2	24.5	24.5	26.9	26.8	29.6	31.2	28.2
FR1(0.5)	34.1	36.6	31.6	32.6	34.7	31.6	36.0	36.6	32.6
PIVOT	75.3	77.5	72.0	76.3	74.3	76.5	77.5	75.2	72.0
FS1(0.5)	57.5	60.5	53.4	57.1	60.5	56.9	53.4	57.7	59.3
FS2(0.618)	47.3	49.3	43.7	47.5	49.1	49.3	43.7	46.1	48.5
FS3(1.000)	24.0	27.5	20.6	26.0	27.5	25.9	21.9	20.6	22.6
FS4(1.382)	12.1	15.3	9.1	13.7	13.8	15.3	10.5	9.1	10.6

● 「前日陰線+前々日陰線」 ▮→▮→?

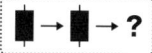

到達率	6通貨計	最大値	最小値	ドル円	ユーロ円	豪ドル円	ドルスイス	ユーロドル	ポンドドル
FR4(1.382)	5.3	6.6	2.2	2.2	6.6	3.6	5.7	6.6	6.4
FR3(1.000)	13.1	16.3	9.4	9.4	11.5	11.5	16.3	15.2	14.2
FR2(0.618)	28.5	33.2	24.2	24.2	28.4	25.0	30.0	33.2	28.8
FR1(0.5)	34.1	37.5	31.5	32.7	35.0	32.3	35.2	37.5	31.5
PIVOT	72.9	76.7	67.0	74.4	71.2	75.0	76.7	74.2	67.0
FS1(0.5)	55.5	58.4	52.9	52.9	58.0	53.1	55.1	54.3	58.4
FS2(0.618)	45.5	46.4	44.5	44.8	45.7	45.3	45.8	44.5	46.4
FS3(1.000)	23.9	26.6	19.5	25.6	25.5	26.6	24.2	19.5	22.8
FS4(1.382)	12.9	16.1	7.8	15.2	14.0	16.1	13.2	7.8	12.4

● 「前日陰線+前々日陽線」 □→▮→?

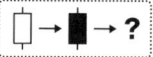

到達率	6通貨計	最大値	最小値	ドル円	ユーロ円	豪ドル円	ドルスイス	ユーロドル	ポンドドル
FR4(1.382)	6.8	9.3	5.1	7.5	5.1	6.2	9.3	7.1	5.6
FR3(1.000)	14.0	17.9	10.5	12.5	10.5	15.0	17.9	15.6	12.4
FR2(0.618)	27.4	29.4	24.6	24.6	25.4	28.1	29.4	29.4	27.5
FR1(0.5)	34.0	36.6	31.2	32.5	34.4	31.2	36.6	35.7	33.9
PIVOT	77.4	78.1	76.2	77.9	77.3	77.7	78.1	76.2	77.3
FS1(0.5)	59.2	62.9	52.0	60.4	62.9	59.6	52.0	61.0	60.2
FS2(0.618)	49.0	52.3	41.9	49.6	52.3	52.3	41.9	47.6	50.6
FS3(1.000)	24.1	29.3	20.1	26.4	29.3	25.4	20.1	21.6	22.3
FS4(1.382)	11.3	14.6	8.2	12.5	13.7	14.6	8.2	10.4	8.8

しろふくろう

1964年生まれ。某外資系企業にて16年ほど勤務した後、一念発起して起業。FXには起業と同時に着目し、個人投資家という立場ながらビジネスとしてトレードに取り組んでいる。ファンダメンタルズを極力排除し、テクニカル分析の見地からデイ〜スイングのスパンでのトレードを得意とする。自らの実体験をベースに運営している「しろふくろうFXテクニカル分析研究所」(http://sirofukurou.cocolog-nifty.com/blog/)、「しろふくろうのメタトレーダーでFXシステムトレード」(http://sirofukurou.cocolog-nifty.com/mt4/)は、メタトレーダーの活用法に関してナンバーワンのサイトとなっている。著書に『FXメタトレーダーで儲けるしろふくろうのスーパー投資術』(日本実業出版社)がある。

FX 最強のテクニカル
しろふくろうのPIVOTトレード術

2010年11月1日　初 版 発 行
2012年2月20日　第5刷発行

著　者　しろふくろう ©sirofukurou 2010
発行者　杉本淳一

発行所　株式会社 日本実業出版社　東京都文京区本郷3-2-12 〒113-0033
　　　　　　　　　　　　　　　　　大阪市北区西天満6-8-1 〒530-0047
　　　　編集部 ☎03-3814-5651
　　　　営業部 ☎03-3814-5161　振　替　00170-1-25349
　　　　　　　　　　　　　　　　http://www.njg.co.jp/

印刷／堀内印刷　製本／若林製本

この本の内容についてのお問合せは、書面かFAX（03-3818-2723）にてお願い致します。
落丁・乱丁本は、送料小社負担にて、お取り替え致します。

ISBN 978-4-534-04768-7　Printed in JAPAN

下記の価格は消費税(5%)を含む金額です。

日本実業出版社の本　投資関連書籍　好評既刊!

FXメタトレーダーで儲ける しろふくろうのスーパー投資術
しろふくろう＝著
定価1680円（税込）

FXEA FXメタトレーダーEAで儲ける自動売買入門
中山　泉＝著
定価1890円（税込）

外貨預金よりトク！ローリスクで儲かるFX投資術
田平雅哉＝著
定価1000円（税込）

野村式FX速習ノート
野村雅道＝著
定価1680円（税込）

定価変更の場合はご了承ください。